MOMENTUM

What God Starts Never Ends

MOMENTUM

모멘텀

에릭 & 빌 존슨 지음 / 이혜림 옮김

서로사랑

모멘텀

1판1쇄 발행 2013년 5월 27일

지은이 에릭 & 빌 존슨
옮긴이 이혜림
펴낸이 이상준
펴낸곳 서로사랑(알파코리아 출판 사역기관)
만든이 이정자, 윤종화, 주민순, 장완철
　　　　　이소연, 박미선, 엄지일
이메일 publication@alphakorea.org

등록번호 제21-657-1
등록일자 1994년 10월 31일
주소 서울시 서초구 방배1동 918-3 완원빌딩 1층
전화 02-586-9211~4
팩스 02-586-9215
홈페이지 www.alphakorea.org

차례

쉼 없이 하나님의 선하심을 구하며 온 열방이 그 선하심을 경험하기를 구하신 우리 아버지와 어머니께 이 책을 바칩니다. 제 안에 예배자의 마음을 심어 주셔서 감사합니다. 부모님의 삶을 통해 유산과 왕이신 하나님의 풍성함을 누리는 삶을 배웠습니다.

아내 캔디스에게 이 책을 바칩니다. 당신은 내 사랑이자 최고의 친구입니다. 당신을 창조하신 날 하나님은 참 즐거워하셨을 겁니다. 어떻게 살아가며 삶을 사랑해야 하는지 삶을 통해 보여 준 당신께 감사합니다. 당신과 함께 나는 인생 최고의 나날을 보내고 있습니다. 당신과 함께 늙어 갈 날이 기대됩니다.

두 딸 케네디와 셀라에게 이 책을 바칩니다. 너희가 태어난 날을 나는 평생 잊지 못할 거란다. 너희는 엄마와 아빠에게 더할 나위 없는 축복이란다. 우리 삶에 순수한 기쁨이자 짜릿함이란다. 우리를 자랑스럽게 해 주어 참 고맙다.

조부모님께 이 책을 바칩니다. 이 책은 그분들이 선택하신 삶 때문에 탄생한 것이나 다름없습니다. 조부모님의 최고점이 저의 출발점이 되게 해 주셔서 감사합니다. 할머니, 할아버지는 제 영웅이십니다!

내가 살아서 보지 못할 세대에 이 책을 바칩니다. 여러분의 부흥사와 더불어 우리가 위하여 대가를 지불한 기초를 여러분이 이해하기를 바라는 마음으로 이 책을 썼습니다. 이제 하나님이 여러분을 위해 예비하신 것에 여러분이 뛰어들 차례입니다.

감사의 글 | ACKNOWLEDGMENTS

원고 편집에 시간과 에너지를 쏟아 준 조쉬 라슨과 팸 스피노시에게 진심으로 감사합니다. 정말 큰 신세를 졌습니다. 두 분이 아니었다면 이 책은 나오지 못했을 겁니다.

인내하며 시한을 연장해 준 돈 밀람에게 감사합니다.

필립 브레자, 엘라나 말로, 새뮤얼 디에너, 크리스티나 채드니, 아네트 로달에게 감사합니다. 여러분이 제 설교를 기록하고 조사를 해 주신 덕분에 이 책을 시작할 수 있었습니다. 감사합니다!

하이디 베이커 박사 아이리스 미니스트리즈 총재 | 「모멘텀」은 하나님 나라의 핵심 가치를 포착한 놀라운 책이다. 아들과 딸로서 온전한 확신 가운데 살며, 동시에 어린아이처럼 온전히 의지하고 신뢰하는, 심령이 가난한 자로 살아가는 법을 보여 준다. 두려움에 떨지 않고 안정감을 느끼며 아버지의 품 안에 거하는 법을 가르쳐 준다. 모든 두려움을 내어 쫓으며, 끊이지 않고 다함이 없으며 끝이 없는 하나님의 사랑을 알게 될 때 우리는 하나님의 선하심을 거스르는 것들을 만나서도 흔들리지 않는다. 이 책에 담긴 진리는 한 세대가 상상을 뛰어넘는 최고의 유산을 받게 해 줄 것이며, 이들이 온 세상을 변화시키도록 능력을 불어넣어 줄 것이다. 존슨 부자는 말로는 다 설명할 수 없는 믿음의 가정에 대해 가르쳐 주었다. 이들을 친구라 부를 수 있는 것이 큰 영광이자 특권이다.

밥 하틀리 디퍼 워터 미니스트리즈 | 영적 유산은 그리스도의 몸이 다시금 시급히 이해하고 붙들어야 할 진리다. 「모멘텀」을 통해 존슨 집안은 영적 유산이라는 선물의 비밀을 계속해서 보여 주며, 유산의 신비와 경이로움을 다시금 이해하게 해 준다.

배닝 립스처 지저스 컬처/「지저스 컬처」 저자 | 에릭 존슨은 이 시대에 정말 중요한 책을 썼다. 우리는 부흥이 열방을 휩쓰는, 교회사에 유례없는 시대를 살고 있다. 성령이 이처럼 부어지시는 가운데 하나님의 역사가 이 세대로 끝나지 않고 다가올 세대까지 이어지기를 바라는 간절함이 있다. 나는 부

홍의 세대를 보기 위해 내 삶을 드렸다. 「모멘텀」에 담긴 진리와 계시는 부흥에 긴요하다. 세대 간에 이어지는 유산과 교감은 그리스도의 몸에서 가장 많은 오해를 받으며 제대로 다뤄지지 않는 주제다. 하지만 앞으로 나아가기 위해 우리가 반드시 이해해야 하는 주제이기도 하다. 에릭은 「모멘텀」에서 유산이라는 주제를 탁월하고도 정확하게 다루고 있다. 이론적 접근에 치중하지 않고, 그가 매일의 삶을 통해 나타내는 지혜와 은혜의 깊은 샘에서부터 우러나온 글을 쓴다. 남녀노소 불문하고 이 책을 읽어야 한다.

레이프 헤틀랜드 글로벌 미션 어웨어니스 총재 ┃ 수많은 믿는 자들이 아버지의 축복을 취하지 않은 결과 아들로서 마땅히 자신의 것인 복과 유익을 빼앗기고 말았다. 이 땅에 임한 하나님 나라는 우리의 가업이다! 하나님 나라에서 비롯된 영적 유산의 기초는 아버지와 아들의 관계다. 유산을 지향하는 것이 아니라 유산을 바탕으로 한 삶의 모멘텀이 바로 이 책이 우리에게 전하고자 하는 기름부음이다. 에릭과 빌 존슨은 내 삶에 새로운 모멘텀을 주었다.

채 안 하비스트 록 교회 담임목사/하비스트 인터내셔널 미니스트리 총재/와그너 리더십 인스티튜트 세계 총장 ┃ 이 책은 말라기 4장 5절과 6절 말씀의 살아 있는 예시다. 빌과 에릭이 「모멘텀」 공동 집필을 통해 아버지와 아들로 연합했을 때 세대 간의 융합의 본이 되었고, 그를 통해 깊은 계시가 드러났다. 우리가 하나님의 자녀로서 우리의 영적 유산이 무엇인지 발견하고 선조들의 어깨 위에 서는 자로 자라 갈 때 우리 마음에 유산이 남겨진다. 이 탁월한 책을 강력히 추천하는 바이다.

베니 존슨 「중보자, 하늘을 만나다」 저자/에릭 존슨의 어머니 ┃ 에릭은 풍성한 영적 유산을 바탕으로 자신의 마음을 나누며, 영적 유산이 풍성한 환경에서 배운 교훈을 나눈다. 그와 같은 유산이 없는 수많은 이들을 포함해 모든 사람이 이 유산을 누릴 수 있음을 알려 준다. 「모멘텀」에서 그는 풍성한 하나님 나라가 우리의 유산이며, 우리 모두가 이 유산에 뛰어들어 우리의 정체성으로 삼아야 한다고 분명히 전한다. 「모멘텀」에서 나누는 생명과 삶의 이야기가 우리 모두에게 영향을 미칠 것이다. 아버지 빌과 함께 에릭은 우리 모두가 동참하도록 초대 받은 이 놀라운 하나님 나라에서 무엇이 마땅히 우리 것으로 구분되었는지 보도록 도와준다. 아들아, 멋지게 해냈구나!

스티브 톰슨 NU 월드 미니스트리즈/「너희가 모두 예언할 것이요」(You May All Prophesy) 저자 | 에릭 존슨은 영적 유산의 수면 위로 부상하고 있다. 이 유산에 압도되는 대신 에릭은 이 유산에 힘입어 앞으로 나아간다. 이것이 바로 그의 첫 책 「모멘텀」의 요지다. 영적 유산이 우리를 삼키는 것이 아니라 우리가 전진할 수 있는 추진력이 되기 위해 우리는 어떻게 해야 할까? 「모멘텀」에서 에릭은 그가 이 과제에 성공할 수 있었던 비밀을 나눈다. 그가 나누는 통찰 가운데는 당신이 처음 들어 본 것도 있을지 모른다. 처음 들어 본 이야기는 아니지만 새로이 다가온 것도 있을 것이다 이 책의 페이지를 넘길 때마다 생명이 흘러나온다. 이 책을 즐기게 될 것이다. 그리고 유익을 얻게 될 것이다. 에릭은 우리가 경험할 것이 더 많이 있다고 믿는다. 하지만 무분별한 접근은 금물이다. 그는 기꺼이 자신을 낮추고, 자신의 노력이 아니라 거저 받은 것을 받아들여 그 가운데 행하며, 영적 유산의 모멘텀을 타고 날아오르는 자들에게 더 많은 것이 가능함을 믿는다.

러셀 에반스 플래닛쉐이커스 미니스트리즈, 플래닛쉐이커스 시티 교회 설립자 및 총재 | 이 위대한 책은 거룩한 유산의 의미와 함께 세대 간의 축복을 이어 가기 위해 믿음의 선배들을 존귀히 여기는 것이 중요하다는 진리를 확인시켜 준다. 「모멘텀」은 이 사명을 감당하고자 하는 자들에게 교훈과 감동을 준

다. 이전 세대를 뛰어넘고자 하는 열망에 불을 붙인다. 하나님이 수백, 수천 년 전 시작하신 모멘텀을 이어 가기 위해 우리만의 은사와 능력을 사용함과 동시에, 우리가 받은 것으로 위대한 일을 행하라는 사명이다. 유산에 대해 에릭과 빌 존슨이 전하는 계시와 그들이 삶을 통해 유산을 드러내는 방식을 통해 세대를 이어 모멘텀을 가지고 달려갈 능력을 얻게 될 것이다. 이 책을 전폭적으로 추천한다.

MOMENTUM
MOMENTUM
MOMENTUM
MOMENTUM
MOMENTUM
MOMENTUM

모멘텀

아버지와 아들이라는 패러다임은 하나님 나라의 핵심이자 이 땅의 인간을 향한 하나님의 온전하신 계획이다. 이 핵심적인 사실을 우리는 보지 못하고 있다. 역사에는 이 같은 패러다임이 존재하지 않기 때문에, 그리고 성경에는 뚜렷이 존재하기에 오히려 깨닫지 못한다. 하나님을 부르는 수많은 호칭 중에 예수님은 12세가 된 이후부터 공생애 기간까지 하나님을 "아버지"라 부르셨다. 예수님의 핵심 정체성은 바로 하나님의 아들이었고, 하나님의 핵심 정체성은 아버지였다. 예수님이 세례를 받으실 때 하나님은 이렇게 선포하셨다: "너는 내 사랑하는 아들이라 내가 너를 기뻐하노라." 이 전략적 관계를 어쩌다 우리가 간과했을까? 이 관계가 부재할 때 저주가 닥쳤고, 이 관계가 회복될 때 유례없는 복이 즉각적으로 임했다.

그리고 빌과 에릭 존슨 부자가 유산을 이야기한다. 아버지 됨과 아들 됨의 특권을 설명한다. 이것이 바로 우주를 향해 하나님이 세우신 창조적 기초다. 하나님은 가족을 염두에 두셨다. 가족을 본으로, 하나님 나라의 추진력으로, 하나님 나라를 이끄는 힘으로 삼고자 하셨다.

나는 벧엘 교회 초청 강사로, 사역학교 강사로 혹은 학교와 사무실, 치유실, 기도 사역을 함께하기 위해 10년 넘게 캘리포니아 레딩을 찾으면서 벧엘을 지켜봤다. 이 책은 놀라운 하나님의 역사의 산실에서 탄생하리라 기대했던 바로 그 책이다. 벧엘에서 놀라운 일이 일어나는 데는 한 가지 비밀이 있다. 복잡한 무언가가 있으리라 생각하고 찾아 나선다면 실망할 수밖에 없다. 그 비밀은 한 단어로 요약된다. 바로 가족이다. 두 단어로 설명된다. 아버지와 아들이다. 빌과 에릭은 유산의 중심성을 인식하고 유산에 얼굴과 손과 발과 몸을 부여하고 목소리를 덧입히고자 한다. 시편 2편의 외침이 온 세상에 울리고 있다: "너는 내 아들이라 오늘 내가 너를 낳았도다 … 그의 아들에게 입맞추라"(시 2:7, 12).

이 책은 말라기 4장 5절과 6절의 예언을 다룬다.

> "보라 여호와의 크고 두려운 날이 이르기 전에 내가 선지자 엘리야를 너희에게 보내리니 그가 아버지의 마음을 자녀에게로 돌이키게 하고 (그의) 자녀들의 마음을 그들의 아버지에게로 돌이키게 하리라 돌이키지 아니하면 두렵건대 내가 와서 저주로 그 땅을 칠까 하노라 하시니라"

말라기 4장 5절과 6절의 말씀이 캘리포니아 레딩의 벧엘 교회와 같은 곳에서 빌과 에릭 존슨 부자와 같은 사람들 가운데 지금 이 시각 성취되고 있다. 이 책은 선구자 아버지와 아들을 보여 주는 선구자적 주제를 담은 선구자적 책이다. 예언의 말씀이 세계 각지에서 성취되며 그 영향력이 나타나고 있다! 하나님이 태초부터 마음에 두신 일이기 때문이다. 그때나 지금이나 변함없이 하나님이 마음에 두신 일이기 때문이다!

이 책의 발상은 합당하다.

이 책의 내용도 합당하다.

이 책의 무한한 잠재력도 합당하다!

태초부터 하나님이 품으신 가족에 대한 생각이 옳기 때문이며, 시간과 공간, 빛과 생명의 총체적이고 놀라운 경험이 절정에 이르기 위해서는 반드시 가족이 있어야 하기 때문이다.

하나님의 영원한 가업, 바로 아버지와 아들이라는 영원한 패러다임의 대부흥을 알리는 나팔을 앞서서 불어 준 빌과 에릭 부자에게 감사의 말을 전한다.

잭 테일러 총재
플로리다 멜번 디멘션스 미니스트리즈

> 내 아들들이 수학과 철학을 공부할 자유를 누리도록 나는
> 정치와 전쟁을 공부해야 한다.
>
> 존 아담스

이 책을 쓰게 된 이유는 하나님 나라의 특권과 책임에 대한 인식을 그리스도의 몸에 전하고 싶다는 열망이었다. 나는 이 세대가 하나님이 누구신지 더 풍성히 알고 하나님의 신비에 매료되기를 갈망한다. 많은 이들이 인생의 경험과 환경에 휘둘려 하나님을 제한하는 방식으로 하나님을 이해하고 있다. 그리고 그 결과 참된 복음을 가려진 상태로 방치하는 교리와 신학을 만들어 버렸다. 그 때문에 지구상의 그리스도인들은 하나님이 누구신지, 하나님이 어떤 목적을 품고 계신지 인식하며 살아가질 못한다. 그리고 이로 인해 복음을 오해하고 만다.

예수님이 온전하고 완전하게 하나님 나라를 대변하고 대표하셨다는 점은 우리가 확실히 안다. 예수님은 이 목적을 성공적으로 성취하셨다. 능력과 권위 때문만이 아니었다. 하나님과의 관계 때문에, 그 관계를 인식하고 있었기에 가능했다. 예수님은 하나님과 완

전하게 연합하셨기에 복음의 능력을 풍성하고 정확하게 대변하실 수 있었다. 예수님도 "나는 아버지께서 하시는 일만을 행한다"(요 5:19 참고)고 하셨다. 예수님은 아버지 덕분에 성공했다는 사실을 조금도 부끄러워하지 않으셨다. 전혀 **부끄러워하지 않으셨다!**

나는 독자들이 **영적 유업, 즉 영적 유산**(spiritual inheritance)을 다시금 이해하도록 돕고 싶다. **유산**이라는 단어를 언급하기가 실은 조심스럽다. 독자마다 유산이라는 단어를 각자 다르게 이해하기 때문이다. 받은 유산이 없다고 생각하는 사람은 유산이라는 단어를 들어도 "나랑 상관없는 얘깁니다"라고 한다. 하나님으로부터 받은 유산과 축복이 미미하거나 아예 없다고 생각하는 그리스도인들을 종종 만난다. 그들은 그런 사고방식 때문에 왕의 자녀로 살아가는 삶 자체를 포기한다. 이 책은 여기에 정면으로 도전하고자 한다. 이 책은 또한 유산을 받았음을 알고 다음 세대를 위해 그 유산이 불어나기를 바라는 이들을 위한 책이다.

유산의 타당성과 유산을 바탕으로 생겨나는 모멘텀은 더할 나위 없이 중요하다. 오늘날 세계 각지에서 당혹스러울 만큼 놀라운 일들이 일어나고, 하나님 나라가 어마어마한 속도로 확장되고 있다. 유산에서 나온 이 모멘텀은 우리를 영적인, 그리고 물리적인 미지의 영역으로 이끌어 가고 있다. 때문에 오늘을 사는 우리는 유산의 바른 이해를 최우선 과제로 삼아야 한다. 아직 이 땅에 태어나지 않은 세대를 위해 우리가 터를 다져야 한다. 그런데 다음 세대를 위한 터를 다지기 위해서는 먼저 우리를 위해 다져진 터를 두 팔 벌려 끌어안아야 한다.

이 모멘텀을 끌어안아 우리 것으로 만들 때 우리 삶뿐 아니라 우리 주변에 있는 사람들의 삶까지도 달라진다. 달라지지 않을 수가 없다. 역사를 보면 유산을 진정 순수하게 이해한 사람은 얼마 되지 않는다. 그렇기 때문에 우리는 극소수의 사람들만이 '주권적인' 무언가를 경험했다는 이론을 만들어 냈다. 하지만 모든 사람에게 유산이 있다는 사실을 깨닫게 될 때 우리 눈앞에서 그 신비가 풀려나기 시작한다. 하나님의 계획은 소수만을 위해서가 아니라 당신을 포함한 모든 사람을 위해 예비되어 있다!

데스티니 이미지 출판사의 돈 밀람을 만나 이 책에 대해 이야기를 나누기 시작하면서 아버지와 함께 책을 쓰자는 놀라운 아이디어가 떠올랐다. 아버지가 이 책의 네 개의 장을 쓰시게 됐는데, 이는 유산이라는 주제가 아버지와 내 마음에 깊이 뿌리내린 주제이기도 하지만, 유산이 결국 한 세대에서 다음 세대로 전해진다는 점에서도 최선의 결정이었다. 우리는 아버지와 아들의 생각을 모두 담으면 좋겠다고 생각했다. 아버지가 이 책에 참여하시게 되어 무한한 영광이다. 아버지, 감사합니다!

유산을 품고 달려가는 에릭 존슨

MOMENTUM
MOMENTUM
MOMENTUM
MOMENTUM
MOMENTUM

CHAPTER 1

후계자

·

빌 존슨

얼마 전 비행기 기내지를 훑어보는데 사진 한 장이 눈에 들어왔다. 근육질 사나이가 망치와 끌을 들고 돌에 자신의 모습을 깎아 내는 사진이었다. 콜로라도 출신인 바비 칼라일이라는 작가의 〈자수성가한 사람〉이라는 걸출한 작품이었다.

나는 자수성가 스토리가 좋다. 이것은 누구에게나 성공의 기회가 주어지는 기회의 땅의 긍정적인 면 중 하나다. 이런 스토리에는 대개 공통점이 있다. 절제와 결단, 근면을 통해 사람들은 가족 중 누구도 이루지 못한 일을 성취한다. 경제적 성공이든 직업적 성공이든, 혹은 스포츠, 엔터테인먼트 산업, 정계에서의 성공이든, 이런 이야기는 감동을 준다.

'자수성가한 백만장자'는 이 문화에서 상당히 존경 받는 사람들의 무리를 지칭하는 관용어구가 됐다. 정직하게 이룬 부(富)라면 이런 비범한 성취를 치하 받아야 마땅하다. 대개 이런 사람들은 빈털

터리 삶을 잘 알기 때문에 자신의 소유와 재원을 책임감 있게 관리한다. 없이 살아 봤기 때문에 자신에게 주어진 것을 감사하고 소중히 여길 줄 알게 된 사람들을 주목해야 한다. 이들의 성품은 힘겨운 과정을 통과하며 빚어진다. 광야에서 이스라엘 백성들은 매일 공급해 주실 하나님을 의지하는 훈련을 받았다. 이 과정에서 약속의 땅이라는 유산을 받을 준비가 됐다. 하나님은 우리를 위해서도 비슷한 과정을 준비해 두셨다.

특권의 남용

축복을 남용한 몇몇 사람들 때문에 유산이라는 단어는 왠지 부정적인 느낌의 단어가 돼 버렸다. 근대사에는 수백만 달러의 유산을 상속받아 일평생 단 하루도 일을 하지 않은 사람들의 이야기가 허다하다. 이들이 쾌락을 좇아 사는 동안 이들의 사진이 타블로이드 신문을 장식한다. 물론 예외도 있지만, 어마어마한 특권을 가진 수많은 이들의 마음은 썩어 버리고 말았다. 자신이 이미 가지고 있는 것에서 기쁨을 느끼지 못하는 몇몇 특권층의 모습은 우리 사회의 슬픈 단면 중 하나가 아닐까? 이들은 많은 경우 파산하거나 마약중독자, 알코올중독자로 전락하고, 심지어 스스로 생을 마감하기도 한다. 잘못된 행복을 추구했기 때문이다. 사회는 어마어마한 특권을 가졌으면서도 정직하고 영예롭고 책임감 있게 그 특권을 지키지 못한 사람에게 결코 관대하지 않다.

대개는 엄청난 금전적 유업을 바라지만, 어마어마한 재산이 어떠한 해악을 끼치는지 알기 때문에 의식 기저에서는 그런 유산을 거부하기도 한다. 그런데 교회는 성경을 통해 우리에게 약속된 온전한 유산을 수백 년, 수천 년간 제대로 받지도, 활용하지도 못하는 우를 범해 왔다. 유산을 받은 사람들이 마치 복권 당첨자처럼 자신이 받을 유산을 관리하기 위한 교육을 전혀 받지 못하고 그로 인해 유산을 잃는 경우가 허다하다. 쾌락을 좇는 열정이 목적과 책임을 향한 열정보다 강하면 부가 얼마나 크든, 어떤 식으로 얻었든, 결국은 물 새듯 줄줄 새 나갈 수밖에 없다.

권리의식, 빈부 모두의 적

그래서 예수님은 안전장치로 심령이 가난한 자가 되라는 가르침을 주셨다. 심령이 가난한 자가 되라는 말씀은 자아비판을 하거나 자기 정죄를 하라는 뜻이 아니다. 우리 삶의 모든 복이 전적으로 하나님의 은혜라는 진리를 계속적으로 깨달으라는 말씀이다. 우리 노력으로 얻은 것은 하나도 없다. 심지어 우리 인생 최고의 날이라 할 만한 날이라도 말이다. 심령이 가난한 자가 되는 것과 영적 빈곤이 다르다는 점도 주지해야 한다. 오히려 정반대다. 심령의 가난함은 성령 안의 모든 풍성한 것을 누리는 가장 확실한 길이다. 마음과 생각에 이 진리를 새기고 나면 삶의 모든 어려움이 결국 우리에게 승리를 주시기 위한 하나님의 은혜임을 깨닫게 된다. 우리가 어떤 복을 누리고 있든 성장의 과정에서 우리는 이러한 자세를 견지해야 한다. 그렇게 하지 못하는 순간 성장은 멈춘다.

물질적으로 가난한 자나 부유한 자나 영적으로 가난하지 못하면 영적 권리의식에 젖어 절름발이가 되고 만다. 가난한 자는 노력하지 않아도 정부가 성공할 수 있게 만들어 줘야 한다고 생각하고, 부자는 부를 소유했으니 법과 정부가 자신을 특별 대우해 줘야 한다고 생각한다. 심령이 가난한 자가 되라는 초대를 거절하는 사람도 동일한 덫에 걸린다. 가난하거나 부하거나 결국 최악의 방식으로 빈곤을 경험하게 된다. 이런 삶은 하나님이 위대한 일을 하도록 예비하신 이들의 마음을 파괴하고 갈기갈기 찢는다. 심령이 가난해지는 과정을 거부하면 영적 빈곤이 반드시 찾아온다. 영적 유산을 받으면 이전에는 보지 못한 선택지가 우리 앞에 펼쳐진다. 때문에 우리는 영적 빈곤과 심령의 가난함의 관계를 분명히 이해해야 한다.

칼라일은 〈자수성가한 사람〉이라는 작품에서 이 점을 심오하게 담아 냈다. 하지만 이 작품이 우리 문화에 대해 시사하는 바는 실로 오싹하다. 작가의 의도인지는 알 수 없지만, 이 작품은 창조주이신 하나님을 거의 의식하지 않을 때 사람들이 어떤 식으로 사고하는지를 보여 준다.

삶에 대한 내 관점에 지대한 영향을 끼친 구절이 떠오른다: "싸울 날을 위하여 마병을 예비하거니와 이김은 여호와께 있느니라"(잠 21:31). 이 구절은 우리가 삶에서 경계해야 할 한 가지 위험 요소를 알려 준다. 불가능한 일이 우리 눈앞에서 실현될 때 하나님의 역사를 보게 된다. 그런데 우리의 은사와 통찰력, 노력으로 무언가를 이뤄 내려 고군분투할 때는 그 가운데 역사하시는 하나님의 손을 쉽게 보지 못한다. 주위 사람들이 모두 우리 노고와 헌신 덕에 일이 성사되었다고 믿는다 해도 우리는 반드시 하나님께 모든 영광을 돌려야 한다.

'자수성가한' 사람들은 종종 우리가 보기에 많은 성취를 이룬다. 하지만 하나님이 보시기에는 다르다. 우리는 삶의 모든 영역에서 도움과 유산을 받아 발전하도록 지음 받았다. 다시 말해, 자수성가한 사람에 머물러서는 개인 발전과 잠재력 실현의 최고점에 이르고 그를 통해 우리가 처한 환경에 영향력을 행사할 수 없다는 뜻이다. 오직 유산을 통해서만 가능한 일들도 있다.

스스로 부과한 제약

부(富)에는 대부분의 사람들이 감히 제대로 감당하지도 못할 숭고한 목적이 있다. 건강한 마음을 가진 자가 지혜로운 선택을 계속해 나가야 부를 제대로 감당하고 관리할 수 있다. 하나님은 지혜로운 선택을 하여 제대로 살고자 하는 이들에게 잠언이라는 선물을 주셨다. 성령의 감동에 따라 잠언을 기록한 기자는 탁월한 사람에게 약속과 동시에 경고를 한다.

> "네가 자기의 일에 능숙한 사람을 보았느냐 이러한 사람은 왕 앞에 설 것이요 천한 자 앞에 서지 아니하리라 네가 관원과 함께 앉아 음식을 먹게 되거든 삼가 네 앞에 있는 자가 누구인지를 생각하며 네가 만일 음식을 탐하는 자이거든 네 목에 칼을 둘 것이니라" (잠 22:29~23:2).

이 구절은 탁월한 사람이 왕들에게 영향을 끼치게 되리라는 사실을 명시한다. 왕 앞에 서게 될 사람들은 또한 영향력을 행사하는 자리에서 이들을 쫓아내기 위해 마귀가 어떤 도구를 사용하게 될지에 대한 경고를 받는다. 이들은 영향력을 행사하는 자리에서 접하게 될 물질과 지위, 직책을 열망하는 경향이 자신 안에 있음을 인정해야 한다. 성경이 제시하는 답이 다소 혹독하게 보일 수도 있다. 하지만 성경은 우리 앞에 도사린 위험을 명확히 제시한다. 우리가 가지지 못한 무언가에 끌린다면 '우리 목에 칼을 두어야' 한다. 이것이 바로 선한 경영(good management)이다. 필요할 때면 언제든, 어디서든 스스로 제약을 부과할 지혜가 필요하다. 이는 우리의 내적 세계를 관리하고 경영할 능력을 뜻한다. 우리에게 주어진 영향력의 자리를 파괴할 만한 무언가를 향한 욕망이 우리 안에 있음을 깨달을 때 절제해야 한다. 그래야 맡은 일을 안전하게, 성공적으로 감당할 수 있다.

한 사람의 마음 상태는 생각과 태도, 바람을 통해 드러난다. 이러한 부분에 주의를 기울여야 수치와 정죄를 막을 수 있다. 이것이 바로 인생의 굽이굽이를 성공적으로 헤쳐 나가는 법을 배우는 데 필요한 지혜다. 우리의 내적 세계를 잘 관리하는 일이야말로 외적 축복과 영향력 증대의 선결조건이다.

성품을 택하라

하나님은 그분의 백성을 위해 부와 은총, 즉 능력을 예비하셨다. 그리고 합당한 자를 높이시고, 영화롭게 하시고, 상급을 주신다. 하지만 역사를 돌이켜봤을 때 잘 살았다고 할 만한 인물은 극히 드물다. 성숙한 성품만이 이 같은 특권을 담을 그릇이 된다. 특권이 클수록 더더욱 그렇다.

월가(Wall Street)나 이 세상 제도가 앵무새처럼 떠들어 대는 방법으로는 하나님 나라에서 이 같은 능력을 얻지 못한다. 아무리 갈구해도 얻을 수 없다. 오직 섬김과 나눔, 자기 부인, 순복을 통해서 얻을 수 있다. 요한이 말한 '세상 사랑' (요일 2:15)은 하나님의 영향력에서 동떨어져 움직이는 이 세상 제도를 향한 사랑과 애착이다. 세상 사랑은 결국 하나님 나라의 목적을 방해할 뿐이다.

에덴동산의 두 그루 나무처럼 부유한 자들에게도 두 가지 선택지가 있다. 자기를 높이는 능력을 구해 결국 파멸에 이르거나, 타인의 안녕을 위해 힘써서 그들이 성취와 목적에 이르도록 힘을 더해 주거나. 여기서 오답을 택하면 결국 "온 천하를 얻고도 제 목숨을 잃는"(마 16:26) 결과를 초래하게 된다. 이 책의 주제는 사실 돈이 아니다. 재정적 유산도 아니다. 이 책의 주제는 영적 유산이다. 다만 예수님이 돈과 자연을 통해 강력한 영적 진리를 가르치셨듯이, 우리도 영적 유산이라는 놀라운 주제에 비유될 수 있는 물질세계의 요소들을 살펴보면서 많은 깨달음을 얻을 수 있다. 하지만 경제적 결핍이나 풍요는 영성의 정확한 척도가 아니라는 사실을 먼저 주지하기 바란다.

야심 - 거룩하거나 그렇지 않거나

높아짐과 흥함을 구하는 방법에는 옳은 방법과 그른 방법이 있다. 하나님은 이스라엘이 왕을 바라서는 안 된다고 경고하셨다. 이스라엘은 다른 나라들처럼 되고 싶었다. 사실 이것만으로도 자신들의 바람이 어리석다는 사실을 감지했어야 한다. 거룩하지 않은 '높아짐'을 구했기 때문에 이스라엘은 왕을 원하는 마음속에 담긴 거룩하지 못한 가치관을 그대로 품은 통치자들을 얻게 됐다. 이스라엘은 뿌린 대로 거뒀다(갈 6:7 참고). 잘못된 나라의 도구를 사용하면 결과는 언제나 결박과 구속뿐이다.

세상 제도와 방법을 사용하면서 하나님 나라의 유익을 유산으로 얻게 되리라 기대해서는 안 된다. 하나님은 육신의 왕은 권력을 이용해 자신의 나라를 세우고 백성을 희생시켜 자신의 부를 축적할 뿐이라고 이스라엘에 경고하셨다. 하지만 왕들도 하나님이 세우신 계획의 일부였다. 하나님은 야곱에게 이렇게 약속하셨다: "왕들이 네 허리에서 나오리라"(창 35:11). 하나님은 분명 그분이 세운 왕들이 사익을 위해 지위를 이용하는 데 그치지 않고 하나님 나라의 가치관에 따라 통치하기를 바라셨다. 하지만 선출되고 임명된다고 다 왕이 아니다. 왕은 왕으로 빚어져야 했다.

이스라엘이 왕을 달라고 부르짖었을 당시 사울이 가장 적임자였고, 그에 따라 왕으로 뽑혔다. 하지만 사울은 하나님이 뜻하신 왕이 되기 위해 필요한 단련의 과정을 거치지 않았다. 자신에게 주어진 특권을 담기에 성품이 부족했다. 반면 다윗은 오랜 시간 왕이 되기 위한 준비와 단련의 시간을 지났다. 왕이라는 자리를 향한 하나님의 뜻을 그 어떤 왕보다 잘 대변한 인물이었다. 하나님의 유일하신 아들 예수님은 영원토록 다윗의 자손으로 불리실 것이다. 다윗은 하나님의 마음에서 선한 영향력을 끼치는 왕의 자리를 얻었다.

'내게 복을 주소서' 클럽

영적 유산을 다루는 책에서 통치와 능력, 영향력을 논하는 것이 이상하게 비칠지 모르겠다. 하지만 그렇지 않다. 유산은 능력이다. 또한 유산을 진정 누리기 위해서는 유산의 목적을 분명히 알아야 한다. **복이 되기 위해 복을 받아야 한다.**

> "하나님은 우리에게 은혜를 베푸사 복을 주시고 그의 얼굴 빛을 우리에게 비추사 (셀라) 주의 도를 땅 위에, 주의 구원을 모든 나라에게 알리소서 … 하나님이 우리에게 복을 주시리니 땅의 모든 끝이 하나님을 경외하리로다" (시 67:1~2, 7).

복을 구하기를 두려워하다가 우리는 쓰라린 대가를 치르게 됐다. 복과 특권을 남용하고 오용한 이들에 대한 반감이 두려움을 자아냈다는 점은 인정한다. 열정적으로 하나님의 복을 구하지 못하는 모습은 어쩌면 교회에서 그나마 가장 용인될 만한 이기적 특질인지 모른다. 이 같은 모습이 겸손으로 포장되는 현실은 실로 비극이다. 하지만 복을 받는 것은 우리에게 주어진 강력한 간증 도구다. 시편 67편은 우리가 복을 받을 때 세상이 하나님이 어떤 분인지 발견하게 되고, 나아가 구원에 이른다고 기록한다. 하나님의 인자하심이 회개로 이끈다는 성경의 가르침을 기억하라 (롬 2:4 참고). 주님의 선하심에 대해 이야기하는 것과 그 선하심의 본을 보여 귀감이 되는 것은 전혀 다르다. 우리 삶에 임한 주님의 선하심이 세상을 사로잡아 그들의 어그러진 삶을 깨닫게 한다. 복의 남용과 오용은 교회에 수치와 당혹감을 안겨 주었다. 하지만 복을 합당하게 사용할 때 허다한 이들이 돌아와 열방에 영향을 끼치게 된다(시 67:2, 7 참고).

통치냐 섬김이냐

하나님은 왕들을 구약 시대의 '사도들'로 삼고자 하셨다. 만인 중에 가장 작은 자들을 만인의 유익을 위해 사용하고자 하셨다. 자신이 받은 은총과 자원을 다른 이들의 삶을 향한 하나님의 목적을 성취하는 데 사용하는 사람들이 되도록 하는 것이 하나님의 계획이었다. 건강한 시민들은 언제나 사회에 기여하고 인류에 희망을 준다. 또한 정결하고 능력 넘치는 삶을 통해 하나님께 영광을 돌린다. 의로운 왕의 역할은 이런 건강한 시민을 세우고 일으키는 데 일조하는 것이다. 유산을 받은 믿는 자의 역할도 마찬가지다.

모든 정부에는 두 가지 목적이 있다. 첫째는 시민의 안전이다. 둘째는 안정한 환경 하에서 성공과 자아 성취의 기회를 창출하는 것이다. 따라서 왕은 무엇보다 이 두 가지 분야에서 백성에게 유익을 끼치는 존재가 되어야 한다.

리더십과 영향력에 대해 성경은 흥미로운 그림을 제시한다. 성경적 정부는 사람들을 **다스리되** 조종하거나 학대하지 않는다. 동시에 무시를 당하는 존재가 되지 않으면서도 사람들보다 **낮은** 자리로 가서 그들을 섬기고, 그들이 있는 곳에서 능력을 더해 준다. **다스리되 낮아진다.** 이 두 가지에는 성경적 기초가 있다. 하나님이 세우신 지도자들이 안전을 위해 백성을 **다스리되,** 능력을 더하기 위해 **낮은 곳에서** 백성을 섬기는 모습에서 이 둘 간의 긴장이 해소된다.

능력 부여는 무한한 자원과 은총을 받은 이들에게 주어진 주된 은사다. 만왕의 왕이신 예수님이 가장 좋은 본이시다. 왕이신 예수님은 그분이 훈련시키시던 제자들의 발을 씻으셨다. 예수님이 행하신 일을 행하도록 훈련시키시면서, 새로이 발견한 권위와 능력을 사용해 다른 이들을 섬기라며 제자들을 보내기도 하셨다. 능력과 권위는 자기 왕국을 세우기 위해서가 아니라 다른 이들을 섬기는 일에 사용된 도구였다.

예수님은 이 같은 삶의 방식의 극한을 보여 주셨다. 제자들을 가르치시고, 가장 먼저 그 가르침의 본을 보이셨다: "… 무릇 많이 받은 자에게는 많이 요구할 것이요 …"(눅 12:48 참고). 특별한 특권을 받은 이들에게 주어진 임무였다. 하지만 많은 이들이 부를 통해 쾌락을 추구하는 데 매몰돼 버리고 말았다. 역사상 가장 부유했던 사람이 "연락을 좋아하는 자는 가난하게 되고"(잠 21:17)라고 분명히 경고를 했어도 달라지지 않았다. 자기 왕국을 건설하려다 보면 반드시 복의 순환주기가 깨지고, 우리가 받은 유산이 약해지고 파손된다.

유산은 능력이다. 이 능력은 하나님 나라의 태도와 사고방식을 통해 하나님 나라의 목적을 위해 사용돼야 한다. 성경적 유산은 열방에 지대한 영향을 끼치는 자리에 우리를 세운다.

우리의 유산은 무엇인가?

사실 우리는 영적 유산이라는 개념을 잘 이해하지 못한다. 유산으로 물려받은 물질적 부를 소수 특권층이 남용해 왔기 때문에 이런 반감이 형성됐다고도 볼 수 있다. 하지만 동시에 하나님이 무엇을 예비해 두셨는지 모르기 때문인지도 모른다. 그런데도 교회는 영적 부를 잘 관리해야 할 책임에 대해 침묵해 왔다. 하지만 하나님은 열방을 제자 삼으라는 명령을 성취하기 위해 필요한 모든 것을 우리에게 주셨다. 하나님은 결코 부족하게 주시는 법이 없다.

개개인의 문화나 개인의 경험치를 바탕으로 결론을 내리지 말고, 하나님이 우리에게 주신 명령을 살펴보자.

> "감추어진 일은 우리 하나님 여호와께 속하였거니와 나타난
> 일은 영원히 우리와 우리 자손에게 속하였나니 이는 우리에
> 게 이 율법의 모든 말씀을 행하게 하심이니라" (신 29:29).

이 구절에서 우리는 두 부분을 주시해야 한다. 첫째, 감추어진

일의 가치, 둘째, 나타난 일의 가치다. 두 가지 모두 신앙생활의 핵심적인 실체다. 감추어진 일, 즉 **신비**는 하나님이 우리에게서 숨기신 것을 의미한다. 나타난 일, 즉 **계시**는 하나님이 보물로 잘 지키라고 우리에게 주신 것을 뜻한다. 계시는 영원한 소유로 후손들에게 **전해야** 한다. **영원히** 말이다! 이 충격적인 말씀은 시간이 흐를수록 잠재력이 커진다는 점에서 '눈덩이' 효과가 내재되어 있다. 때문에 이 말씀은 어제보다 오늘 더 참되다.

놀라운 신비!

신비는 많은 점에서 정말 아름다운 주제다. 하지만 이 책의 주안점이 아니기 때문에 간략하게만 다루도록 하자. 신비에는 우리가 주시해야 할 두 가지 부분이 있다. 첫째, 하나님을 신뢰하는 법을 배우기 위해 우리 삶에 우리가 이해하지 못하는 부분이 있어야 한다. 만약 내가 신앙생활의 모든 것을 이해한다면 내 신앙생활은 열등해질 수밖에 없다. 많은 경우 우리가 이해하지 못하는 부분은 우리가 이해하는 부분만큼이나 중요하다. 그리고 우리가 이해하지 못하는 부분이 신뢰 관계의 기초가 된다. 기독교의 본질은 '믿음'이다. 때문에 그 안에 우리에게 감춰진 것, 즉 신비가 담길 수밖에 없다.

둘째이자 첫째 부분과 긴장 관계를 유지해야 하는 부분은 하나님이 우리에게 신비의 영역을 선물로 주시겠다는 선택을 하셨다는 점이다. 이는 기본적으로 우리가 감추어진 것들에 다가갈 수 있다는 의미다. 신비를 찾아가는 과정에서 두 가지 핵심 요소는 주림과 성품의 계발이다. 주림은 하나님의 약속을 취할 수 있도록 우리에게 힘을 불어넣어 주는 추진력이다. 성품은 그 축복을 담을 수 있는 '그릇'이다. 결론적으로 신비를 관리하는 분은 오직 하나님뿐이다. 우리는 요구해서도 안 되고, 통제할 수도, 하려 해서도 안 된다. 하지만 우리가 하나님께 의지하고 주려할 때 하나님이 기뻐하시며 우리가 구하는 것보다 더 주신다는 점에서 우리도 분명 영향을 끼칠 수 있다: "대답하여 이르시되 천국의 비밀을 아는 것이 너희에게는 허락되었으나"(마 13:11). 주님은 감추어진 것들을 추구하라며 우리를 초대하신다. 주님은 우리**에게서** 감추시기보다 우리를 **위하여** 감추시기 때문이다. 아직 나타나지 않았어도 감추어진 것들은 우리에게 속했다. 영원토록 배우고 지혜를 넓혀 가야 한다는 점을 기억하자. 즉 신비는 언제나 존재하리라는 말이다. 그렇게 생각하면 오늘의 신비는 내일의 계시다. 언제나 선하신 하나님을 섬기는 기쁨은 이처럼 놀랍지만, 동시에 완전히 이해할 수 없는 신비다.

개인적 계시

신명기 29장 29절 중 **나타난 일**, 즉 계시된 것이라는 구절을 살펴보자. 모든 세대가 하나님으로부터 계시를 받았다. 계시는 만남으로 귀결되어야 한다. 그렇지 않으면 머리가 가슴보다 커지게 된다. 하나님을 경험을 통해 알아야 한다. 하나님처럼 중요한 분은 개념이나 원칙만으로는 알 수 없다.

이 구절의 의미를 생각해 보자. 하나님이 인간에게 주신 모든 것은 언제 주셨든, 무엇을 위해 주셨든 자손에게 유산으로 전해야 할 대상이었다. 구체적인 예를 들자면, 모세는 산에서 하나님과 만났을 때 받은 것을 유산으로 영원히 백성에게 전할 책임이 있었다. 모세의 개인적 경험이 한 나라의 공동체적 경험으로 이어지는 문을 열었다.

다윗 왕은 예배자 중에서도 으뜸이었다. 그의 통찰력과 그가 경험한 영광은 이스라엘 백성과 하나님과의 만남을 위한 기준이 됐다. 다윗의 예배가 얼마나 아름답게 표현됐는지, 그가 영광 가운데 어떻게 길을 찾아갔는지는 이후 모든 세대에 전해져야 마땅하다.

엘리야의 별칭은 능력의 선지자다. 그가 이스라엘의 대적에 맞서 세운 업적은 가히 전설적이다. 때문에 그의 기름부음은 예수님이 오실 길을 예비했던 세례 요한의 전범이 됐다. 하나님의 능력을 향한 엘리야의 믿음과 위험을 무릅쓰는 삶의 방식에 대한 그의 통찰력, 그리고 하나님의 목적을 향한 온전한 몰입은 그의 죽음 이후 모든 하나님의 백성이 따라야 할 기준이 됐다.

하나님과 동행하며 족적을 남긴 이들의 이름을 일일이 열거하자면 책 한 권으로 부족하다. 그들 모두가 업적을 남겼고, 그 업적은 이후 세대가 유산으로 이어받고 기초로 삼아 하나님과 동행하면서 인류의 새로운 지평을 여는 토대로 삼아야 할 대상이었다. 모든 세대가 처음부터 다시 시작하고 유산으로 전해 받을 수 있는 것을 직접 찾아야만 한다면 정말 처참한 비극이다. 재발견에 쓸 시간을 이전 세대가 남긴 유산을 기초로 무언가를 더 쌓는 데 사용할 수 있지 않은가.

성경과 역사의 영웅들은 모두 하나님으로부터 받아 후손들에게 전해 주어야 할 무언가가 있었다. "나타난 일은 **영원히** 우리와 **우리 자손에게** 속하였나니" (신 29:29)라고 성경에 기록되어 있지 않은가. 물론 어느 정도는 선조들의 경험에서 혜택을 누리지만, 상당 부분을 유산으로 이어받고 이어 가지 못했다. 우리가 가진 것 대부분은 시간이 지나면서 늘어나는 지속적인 돌파구가 아닌 과거 업적의 회고나 추억에 불과하다.

어마어마한 부를 축적한 기업가가 단순히 부를 물려주는 데 그치지 않고 뚜렷한 목적을 가지고 그 부와 기업, 가문의 비전을 키우고 경영할 능력을 갖춘 사람으로 자녀를 양육하면 어떤 일이 일어날까? 돈은 측정 가능하다. 따라서 이 원칙을 입증하기에 좋은 도구다. 부유한 부모는 자신이 무엇을 소유하고 있는지, 또 후손에게 무엇을 남겨야 하는지 잘 안다.

우리는 개인적 돌파구를 의식하며 사는 법을 배워야 한다. 우리가 '소유'한 것 가운데 우리 삶을 통해 영향을 끼치는 이들에게 값없이 전해 줄 수 있는 것이 무엇인지 기억하며 살아야 한다. 부유한 부모들은 또한 부를 잘 관리하기 위해 어떤 희생을 치러야 하는지 사무치게 잘 알고 있다. 경험을 통해 얻은 지식이 확신이 됐기에 뚜렷한 목적을 가지고 살아간다. 희생과 절제, 실패의 흉터를 볼 때마다 부를 쌓기 위해 어떤 대가를 치렀는지 새삼 상기한다.

믿는 자도 그보다 더했으면 더했지 덜하지 않다. 때문에 우리는 하나님이 우리를 위해, 또 우리를 통해 지금까지 행하신 일이 **모두** 은혜로 말미암았음을 기억하며 살아야 한다. 그 같은 마음의 자세를 유지할 때 우리가 얻은 것들, 경험한 것들을 다른 이들에게 전해야 한다는 확신에 사로잡히게 된다. 이것이 바로 예수님이 우리에게 주신 '심령이 가난한 자'가 되라는 명령이다. 유산을 받는 이들의 삶에 반드시 필요한 자세다.

오늘날의 믿는 자들도 인류를 위한 궁극적 '최고점'을 제시했던 다윗처럼 살아야 한다. 다윗은 보는 사람이 아무도 없을 때 사자와 곰을 죽였다. 덕분에 두 나라가 지켜보는 가운데 골리앗을 물리칠 자격을 얻었다. 아무도 보지 않는 곳에서 얻은 승리가 만인 앞에서 얻는 복이 된다. 이것이 바로 유산을 쌓아 가는 과정이다.

유산은 한 세대에서 다음 세대로 전해져야 한다. 인류가 하나님으로부터 배운 것은 모두 계시와 조우를 통해 주어졌다. 하나님은 일단 가르치시고는 다시 거둬가지 않으셨다. 다음 세대로 전해지도록 이 땅에 두셨다.

준비시키라

매 세대마다 하나님의 사람들이 은사와 은총을 받아 일어나 가장 높은 곳에 이른다. 이들 가운데 많은 이들은 가는 곳마다 수많은 이들이 따른다. 이들은 은사를 사용해 교회에 감동을 주고, 많은 경우 허다한 이들을 그리스도께로 인도한다. 하지만 감동과 영감을 주는 데만 은사를 사용하고, 준비시키고 내보내는 데까지 이르지 못하면, 사람들은 은사에 경탄하기만 할 뿐, 자신들이 우러러보는 그 사람의 삶을 흉내조차 내지 못한다.

리더 된 자들이 자신의 개성과 은사를 판박이처럼 닮은 인조인간을 만들어 내야 한다는 얘기가 아니다. 하나님이 주신 은사는 그리스도의 몸 전체의 유익을 위해 사용돼야 한다는 얘기다. 한 사람이 무언가를 통해 비범한 은사를 받게 됐다면, 그것이 성도들을 준비시키는 과정을 통해 그리스도의 몸 전체에 새로운 기준이 되어야 한다는 의미다. 이것이 현실로 이어진 영적 유산이다. 이렇게 되기 위해서는 직접적으로는 훈련과 제자도, 나눔이 필요하고, 간접적으로는 존중과 존경, 공부와 기도가 필요하다.

"여호와께서 그의 영을 그의 모든 백성에게 주사 다 선지자가 되게 하시기를 원하노라"(민 11:29)라는 모세의 말이 뜻하는 바이기도 하다. 모세만 행한다고 생각했던 일을 다른 이들도 행하자 여호수아 안에 모세를 위해 투기하는 마음이 일었다. 그러자 모세는 여호수아의 생각을 바로잡아 줬다. 그러면서 성령이 하나님의 모든 백성에게 부어지시어 평범한 믿는 자들도 성취할 수 있는 새로운 기준이 생겨날 그날을 예언했다. 한 사람에게 임한 놀라운 기름부음이 만인의 경험이 될 날이었다. 감히 상상할 수도 없는 일이었다.

나는 스미스 위글스워스 같은 믿음의 영웅들의 기름부음이 자신에게 있다고 주장하는 사람들을 보면 화가 치밀어 오른다. 먼저, 그 말이 사실이라 하더라도 본인이 아니라 다른 사람의 입에서 나와야 할 말이다. 둘째, 다른 사람이 받은 은사와 나를 동일시해서는 안 된다. 지금까지 세워진 돌파구를 토대로 앞으로 나아가고 더 쌓아 올려 우리와 우리 세대를 향한 하나님의 온전하신 목적을 향해 나아가야 한다. 위글스워스가 위대한 믿음의 영웅이라는 데는 이견이 없지만, 하나님께 또 한 사람의 위글스워스는 필요치 않다. 하나님은 있는 모습 그대로 우리가 그분의 목적에 순복하기를 원하신다. 우리가 앞선 세대들이 이룩한 돌파구를 활용해 새로운 것을 성취하기를 원하신다.

하나님은 우리 생각보다 훨씬 큰 계획을 세워 두셨다. 결단만으로는 이 계획을 성취하지 못한다. 사실 하나님이 주신 임무를 완수하려면 몇 세대의 거룩한 노력이 필요하다. 동시대를 살아가는 몇 세대 간의 연합만으로도 부족하다. 과거와 현재 세대의 연합을 통해 **영적 유산**의 개념을 재발견해야 한다. 이는 성령님의 참된 연합으로만 가능하다. 오직 성령님만이 각 시대를 향한 뜻과 목적을 아시기 때문이다.

궁극적인 이 땅의 유산

다윗 이후의 왕들은 다윗의 후손이라는 이유만으로 하나님께 특별대우를 받았다. 다윗이 하나님 앞에 얻은 승리와 은총이 실로 크고 놀라워서 그가 다스린 백성뿐 아니라 이후 세대까지 이어지는 공동체의 축복이 됐다. 불행히도 후대 왕들은 대부분 자신이 받은 유산을 귀히 여기지 않았고, 지위에서 오는 권력과 특권에 사로잡혀 버렸다.

유산을 잘 사용하는 사람은 유익을 얻지만, 잘 사용하지 못하는 사람은 어마어마한 대가를 치르게 된다. 다윗의 후손들은 놀라운 하나님의 은총과 높은 지위가 주어진 상태에서 삶을 시작했다. 하나님의 은총은 하나님의 임재를 제외하면 가장 크고 위대한 유산이다. 하늘나라 은행에 쌓인 돈이나 마찬가지다. 하지만 육신의 세계에서 은행에 돈이 있다고 내가 그 돈을 잘 사용한다는 보장이 없듯이, 영적인 세계도 마찬가지다. 많은 이들이 영적 유산을 잘 관리하지 못해 파산하고 말았다.

목회자 자녀들은 죄악되고 패역한 행동으로 악명 높다. 이들에게 주어진 은총과 유산을 이어 가고 확장할 수 있는 위치 때문에 이들이 어둠의 세력의 주된 공격 대상이 되는 것은 아닐까? 이들에게는 영적 유산으로 나아갈 길이 있고, 이는 어둠의 세력에 큰 위협이다. 때문에 수십억을 물려받고 아무런 제약 없이 살아가는 극소수 특권층처럼 목회자 자녀들도 목적을 향해 나아가다 이탈하는 경우가 있다.

때로 목회자 가정에서 나타나는 이중 잣대 때문에 부르심을 좇지 못한다. 가정의 어그러짐 때문에 자녀가 하나님의 목적을 향해 나아가지 못하는 경우다. 부모가 강단에서 전하는 메시지와 가정에서 삶을 통해 표출하는 가치가 판이하게 다를 때, 그 간극을 합리화의 근거로 삼아 강단에서 선포된 믿음의 삶을 유기한다. 때로는 교인들이 마귀의 손에 놀아나 목회자 자녀를 비판하고 거룩하지 못한 요구와 기대를 투영해 목회자 자녀가 무너지기도 한다. 안타깝게도 이런 실패담이 참 많다.

하지만 유산의 원칙을 인식하는 이들이 늘어나면서 성공 사례들도 증가하고 있다. 종교는 능력 없는 형식이다. 잔혹하고 지루하며, 하나님 안에서 엄청난 잠재력을 지닌 수많은 청년들의 삶을 앗아갔다. 유산은 목적을 계시한다. 조류가 바뀌고 자신의 지위를 활용하는 법을 배우는 이들이 늘어나는 이 시대를 사는 우리는 실로 복되다. 잠재력을 온전히 실현하기 위해 일어나는 강대한 자의 후손들이 점차 늘어나고 있다.

MOMENTUM
MOMENTUM
MOMENTUM
MOMENTUM
MOMENTUM
MOMENTUM

CHAPTER 2

내 것이 다 네 것이로되

거저 받은 것을 가지고 아쉬워해서는 안 된다.

주다 스미스 목사

내 것이 다 네 것이로되

여느 때처럼 무더운 날이었다. 익숙한 땀 냄새, 흙냄새가 공기를 메웠다. 지평선 너머로 도시의 시끌벅적한 소리가 들려왔다. 태양이 눈부시게 파란 하늘 한복판에 오면서 기온은 떨어질 기미가 없었다. 손에 괭이를 들고 허리춤에는 종자가 든 주머니를 찬 그의 오늘 목표는 밭의 작은 귀퉁이에 파종을 마치는 것이었다.

다시 한 번 시끌벅적한 소리가 들렸다. 그런데 소리가 좀 달랐다. 사내는 허리를 펴고 괭이에 기대서서 귀를 기울였다. 가만히 들어 보니 아버지의 기타소리와 북소리 같았다. 자신이 오래전 선물로 받은 북소리 같았다. 음악에 귀를 기울이다 그는 괭이를 내려놓고 왜 아버지 집에서 음악소리가 들리는지 궁금해 하며 잰걸음으로 집으로 향했다. 대체 무슨 좋은 일인지 알고 싶었다.

앞마당에 당도해 보니 밭에서 맡던 흙과 땀 냄새 대신 갓 요리한 고기 냄새와 텃밭에서 가꾼 신선한 채소 향이 진동했다. 가족 중에 누군가의 기념일이나 생일, 그도 아니면 결혼식인데 자신이 모르고 있었는지 곰곰 생각해 봤다. 그런 중요한 날은 절대 놓치는 법이 없었다. 마당을 둘러보면서 그의 궁금증은 혼란으로 변했다. 가족들이 마당에 나와 있고, 어린아이들은 잡기 놀이를 하며 마당을 뛰어다녔다.

마당 안쪽에는 특별한 날에만 쓰는 커다란 상이 펼쳐져 있었다. 상에 둘러앉은 사람들의 얼굴을 둘러보는 중에 상 중앙에 앉은 사람의 얼굴이 불현듯 눈에 들어왔다. 그 순간 혼란은 분노로 변했다: '어떻게 이럴 수가!' 그는 아버지를 찾아 두리번거리기 시작했다. 아버지는 가장 좋은 옷과 새 신, 작은 상자를 들고 막 집에서 나오는 참이었다. 이어 일어난 일은 충격 그 자체였다.

상 정중앙에 앉은 그 청년은 그의 동생이었다. 두 달 전 바로 이 마당 샘 옆에서 고성이 오갔다. 차마 입에 담을 수조차 없는 잔인하고 수치스러운 말이 오갔다는 소문이 돌았다. 이 청년은 아버지에게 상상조차 할 수 없는 행동을 하고는 이렇게 말했다: "아버지가 죽었으면 좋겠어요. 내가 내 몫의 유산을 받을 수 있게요." 가족 모두에게 너무나 슬픈 날이었다. 아버지는 아파하며 작은 아들에게 아들 몫의 유산을 주기로 했다. 고성이 오간 후 작은 아들은 집을 떠나 북으로 갔고, 지난 두 달 동안 육신의 정욕을 채워 주는 것들에 유산을 다 탕진하고 말았다.

아버지는 상으로 다가가 작은 아들에게 일어나 달라고 했다. 아들이 일어나자 가장 좋은 옷을 입혔다. 아들 앞에 무릎을 꿇고는 두 달 전 큰 말다툼이 있던 그 다음 날 사 둔 새 신을 아들의 발에 신겼다. 다시 일어나 상 위에 올려둔 작은 나무 상자를 열었다. 그리고 반지를 꺼냈다. 평범한 반지가 아니었다. **가문**의 반지였다. 아버지는 아들의 오른손을 잡고 손가락에 반지를 끼웠다. 그리고 흥분을 감추지 못하며 선포했다: "내 아들이 돌아왔다." 몇 십 리 밖에서도 들릴 큰 함성이 울려 퍼졌다.

밭에서 일하다 말고 들어온 남자의 얼굴이 붉게 달아올랐다. 당장 싸울 태세인 양 주먹을 움켜쥐었다. 더 이상 참을 수 없었던 그는 결국 소리를 질렀다: "아버지, 평생 아버지를 위해 일했는데 저한테는 한 번도 이렇게 해 주신 적 없잖아요!"

정적이 흘렀다. 모든 시선이 남자와 아버지에게 쏠렸다. 남자의 거친 숨소리와 샘물소리만 들렸다. 아버지는 남자를 보며 말했다: "아들아, 잃었던 네 동생을 오늘 찾았단다."

그러자 남자는 단호하게 말했다: "아버지, 아버지의 작은 아들은 아버지와 우리 집안을 조롱하고 수치를 안겼어요. 저는 한 번도 그런 적 없습니다. 그런데 저런 놈을 위해 큰 잔치를 벌이셨군요."

아버지의 대답은 남자가 평생 깨닫지 못했던 진실을 드러냈다: "아들아, 너는 항상 나와 함께 있고, 나도 너와 언제나 함께 있지 않니. 내 것이 다 네 것이란다."

남자는 뒤로 돌아 캄캄한 어둠 속으로 달려갔다. 그의 머릿속은 어느 때보다 혼란스러웠다. 정신없이 달리며 그는 방금 전 일어난 일을 머릿속으로 계속 되돌려 보았다. 어린 시절의 온갖 기억들이 밀려들어 왔다. 막 일어난 일이 워낙 혼란스러워 제대로 생각을 할 수도 없었다. 한참을 달리다 보니 자기 발소리 외에 아무 소리도 들리지 않았다. 그는 비로소 걸음을 멈췄다. 그는 커다란 바위 위에 털썩 주저앉아 숨을 헐떡이며 마음속으로 묻고 또 물었다.

그가 집에서 도망쳐 나오기 전 아버지가 했던 말만 귓가에 맴돌았다: "내 것이 다 네 것이란다." 그는 자신이 유산 가운데 행한다는 말의 의미를 모르고 있었다는 사실을 난생 처음으로 깨달았다. 그리고 그 순간 이제 남은 모든 시간을 다해 그 의미를 배워 가겠노라고 결심했다.

가업

온전히 이해할 때 다음 세대, 그 다음 세대, 나아가 우리가 보지 못할 세대까지 이어지는 모멘텀이 생겨난다. 우리는 우리에게 주어진 유산을 반드시 이해하고 취해야 한다. 역사는 그저 기념하고 그칠 대상이 아니다. 역사는 우리를 굳게 세워 주는 기초다. 우리는 이전에 없던 것을 새로이 성취하는 세대가 되어야 한다.

현대 문화에서 많은 이들이 개인주의를 가치 체계로 수용한다. 그런데 개인주의적 사고방식을 가지게 되면 이미 존재하는 것, 즉 유산을 거절하게 되는 경우가 생각보다 훨씬 많다. 가족과 공동체에서 벗어나려는 개인주의는 분열을 조장하고 상처를 낸다.

가업의 예를 들어 보자. 아버지와 어머니가 평생을 바쳐 가업을 이뤘고, 시간이 흐르면서 성공적인 기업으로 우뚝 서게 됐다. 사업을 확장하면서 직원들을 고용했다. 딸도 직원으로 채용했다. 이런 경우 대개 다른 직원들은 그 딸이 부모 덕에 취직을 했다고 생각하고, 그 딸도 그런 시선을 느낀다. 이럴 때 그 딸이 어떤 행동을 하느냐가 정말 중요하다. 그때 딸이 보이는 반응을 보면 어떤 정체성을 가지고 있는지가 드러난다.

다른 직원들에게서 받는 스트레스 때문에 지레 겁을 먹고 다른 이들에게 자신이 그 일을 맡을 자격이 있다고 '입증'하고 '남에게 보이려고' 한다고 생각해 보자. 먼저 남에게 잘 보여야 한다는 부담을 살펴보자. 아마 그 딸은 남들에게 자신이 얼마나 그 일을 진지하게 받아들이는지 보여 주기 위해 남들보다 일찍 출근하고, 늦게 퇴근하고, 동료들보다 더 열심히 일하려 할 것이다. 일에서 성공을 거두면 반드시 동료들에게 알릴 것이다. 목적은 하나, 남에게 비춰지는 모습을 바탕으로 자신이 그 일을 맡을 자격이 있음을 보여 주기 위해서다.

그렇다면 남에게 보이려 하지는 않지만, 자신이 그 일을 할 능력이 충분하고 부모의 도움이 필요치 않다는 점을 모든 사람에게 입증하려 한다고 생각해 보자. 그런 생각을 하는 딸은 아마 부모님이 계신 곳에서 상당히 떨어진 곳으로 가서 창업을 하려 할 것이다. 시간이 지나 자신이 세운 회사가 성공을 거두고 제 궤도에 올라 그 지역에 경제적으로 기여를 하는 수준이 되면 자신이 혼자 힘으로도 그 일을 맡을 능력이 충분함을 입증하게 되는 셈이다. 부모가 자신을 위해 만들어 둔 모멘텀을 발판 삼아 일어나는 대신 자기 힘으로만 해 보기로 결심하고 원점에서 시작하는 경우다.

현대 문화는 새로운 아이디어를 내놓고 열심히 일하며 자기 능력으로 세상에서 자리를 잡으라고 우리 등을 떠민다. 남에게 보이고 입증하려는 욕구가 유산을 등한시하고 우리 힘으로 처음부터 시작하게 만든다면, 그런 목적에서 원점에서 빈손으로 시작하려는 자체가 실수다. 그런데 남에게 보이고 입증하고 싶은 욕구를 누르고 이미 주어진 것을 바탕으로 더 이루어 가는 법을 터득하기가 그리 쉽지는 않다.

근면하고 무언가를 새로 시작하는 자체가 나쁘다는 말은 결코 아니다. 우리가 무엇을 하느냐가 아니라 왜 하느냐가 중요하기 때문이다. 우리는 너무도 빈번히 빈곤의 사고방식을 바탕으로 결정을 내린다. 그래서 결국 남에게 보이거나 입증함으로써 영향력을 끼치는 자리에 오르려 한다. 유산과 유산을 통해 그 자리에 갈 기회가 이미 있는데도 말이다. 유산을 제대로 취하기만 하면 우리 힘으로는 꿈도 꾸지 못할 만큼 큰 성취를 이룰 수 있다.

빈곤의 사고방식이 무엇인지 먼저 살펴보자. 메리암 웹스터 사전은 빈곤(poverty)을 이렇게 정의한다.

> 1: a. 일반적이거나 사회적으로 수용할 만한 정도의 돈이나 물질적 소유가 부족한 상태 b. 종교 체제의 일원으로 한 개인으로서의 권리를 포기함 2: 결핍, 희소 3: a. 영양실조로 인한 쇠약 b. 비옥함의 부족[1]

빈곤의 사고방식을 가지면 무엇이 부족한지를 의식하며 살게 된다. 교만은 빈곤의 사고방식을 추동하는 힘이다. 빈곤의 사고방식은 내가 모든 것의 중심이라는 강력한 허상을 자아낸다. 우리 삶에 무엇이 부족한지를 의식하면 대개 자기중심적이 되고, 우리가 무력한 피해자라고 믿게 된다. 이런 거짓을 바탕으로 사는 사람은 삶에 대한 책임을 자기 자신이 아닌 다른 사람이나 하나님께 돌리고, 절대 자신에 대한 책임을 오롯이 지지 않는다.

빈곤의 사고방식을 가진 사람들은 이런 말을 자주 한다: "내 잘못이 아니야." "왜 다른 사람이 대신해 주지 않는 거야?" 그러다 보면 자신에게 주어진 것에 대해 절대 온전히 책임지지 않는 사고방식이 팽배해진다. 우리가 우리 삶을 온전히 책임지지 않으면 우리에게 무엇이 거저 주어졌는지를 깨닫기란 거의 불가능하다. 우리 삶에 조금이라도 빈곤의 사고방식이 작동하는 곳이 있다면 준엄하게 대면해야 한다.

가업에 대한 예로 돌아가 보자. 딸이 그 자리를 맡을 자격이 있다는 점을 남에게 보여 주거나 입증하려 하지 않고 자신의 유산을 받아들이면 놀라운 일이 일어난다. 꿈꾸던 모멘텀을 경험하게 된다. 허허벌판에서 시작하는 대신 이미 놓인 탄탄한 기초를 보게 된다.

이 세대가 자신의 유산을 깨닫게 되면 무력하게 앉아 있는 대신 자리에서 일어나게 되고, 그 과정에서 유산을 전해 준 세대와의 교감이 깊어진다. 이것이 바로 이전(移轉)이다. 한 세대에서 다음 세대로 이전이 되면서 어마어마한 기회가 주어진다. 이 과도기를 어떻게 지나느냐가 그들의 참된 정체성을 드러낸다. 정체성이 건강하면 받은 유산을 더 번성케 하고 튼튼히 하지만, 정체성이 건강치 못하면 남에게 보이려 하고 못난 모습을 보이다가 결국 유산에 위해를 가하고 만다. 흥미롭게도 많은 경우 사람들이 부지불식간에 이런 행동을 하고 있다. 겸손이라는 미명 하에.

우리는 유산이 우리의 행위에 달려 있지 않다는 사실을 반드시 이해해야 한다. 유산의 핵심은 우리의 정체성이다. 유산을 받았다는 사실은 우리의 책임이 아니다. 우리가 유산을 받은 이유에서 벗어나 그 유산으로 무엇을 할 것인지에 집중하기 시작하는 순간 놀라운 일이 벌어진다.

우리의 책임은 우리가 무엇을 받느냐가 아니라, 받은 것으로 무엇을 하느냐에 있다. 주다 스미스(Judah Smith) 목사는 이렇게 말했다: "거저 받은 것을 가지고 아쉬워해서는 안 된다."[2]

딸이 맞닥뜨린 부담은 우리가 일상에서 느끼는 부담과 흡사하다. 우리가 일 중심의 결정을 내리면 그 결정이 하나님이 태초부터 예비하신 것을 가로막는다. 바로 우리가 노력해서 얻은 것뿐 아니라, 우리에게 거저 주어진 것을 바탕으로 성취하는 능력이다.

나는 종종 내가 지금의 이 모습이 되는 데 막대한 역할을 한 존재를 떠올린다. 그 존재는 우리 가정과 내가 굳건히 서는 기초일 뿐아니라, 지금도 나를 감동케 하는 놀라운 기회들을 만들어 주었다. 그와 동시에 생각만으로 겸허해질 수밖에 없는 존재다. 유산이다. 우리 아이들은 우리 아버지 쪽으로는 7대째, 우리 어머니 쪽으로는 5대째 그리스도인이다.

풍성한 유산을 받은 가정의 모습은 언제나 내게 놀랍고 신비하다. 유산이 있으면 한 세대에서 다음 세대로 흘러가는 모멘텀이 생긴다. 육안으로는 종종 보지 못하고 지나치는 동력이 작용한다. 어느 시점에 젊은 세대가 자신들에게 주어진 유산을 인식하면 젊은 세대는 윗세대가 이룩한 일에 동참하기 시작한다. 이 과정을 잘 지나면 유산에서 흘러나오는 모멘텀이 더 커진다. 하지만 잘 지나지 못하면 종국에는 자신을 위해 예비된 것을 잃고 만다.

하나님과의 관계에는 몇 가지 단계가 있다. 성경 곳곳에서 우리를 하나님의 '종'이라고 표현한다(롬 6:22 참고). 구약에서 모세는 하나님의 벗으로 불렸다(출 33:11 참고). 나도 모세처럼 하나님의 종이 되는 데 그치지 않고 하나님의 벗으로 알려지기를 바란다.

종과 친구는 판이하게 다르다. 종은 자신이 마땅히 해야 할 일을 하는 데 더 마음을 쓰지만, 친구는 자신에게 무엇이 주어졌는지, 그리고 그것을 어떻게 써야 할지에 마음을 쓴다. 수많은 믿는 자들이 종으로서의 사고방식에 갇혀 있다. 친구가 돼도 좋다는 허락을 받아 놓고도 여전히 종의 지위에 머물려 한다. 성경에서 이스라엘은 산에 올라 하나님의 영광을 경험할 기회를 받았다. 하지만 그들은 대신 골짜기에 머물며 모세를 올려 보냈다(출 20:18~20 참고). 기회를 활용하지 않은 확실한 예가 되겠다. 무려 하나님과의 진정한 관계를 누릴 기회를 그냥 흘려보내고 말았다.

종으로의 삶 자체는 전혀 문제가 없다. 성경은 종이 되고 언제나 섬기는 것이 얼마나 중요한지 아주 분명하게 밝힌다. 예수님도 종의 삶을 본으로 보이셨다. 좋은 친구가 되기 위해서는 좋은 종이 되는 법을 배워야 한다.

관계에는 여러 가지 종류가 있다. 지인, 친구, 친지, 절친한 친구 등등. 그런데 그냥 친구와의 사귐은 절친한 친구와의 사귐과 확연히 다르다. 서로에게 얼마만큼 다가갈 수 있는지를 인식하기 때문이다. 절친한 친구 간에는 서로의 삶에 간여할 만큼의 교감이 있다는 믿음이 있기 때문이다. 믿는 자들이 하나님과의 우정을 통해 어디까지 다가갈 수 있는지를 인식하게 되면 실로 아름다운 일이 일어난다.

유산의 문화

유산이 한 세대에서 다음 세대로 흘러가기 위해 우리는 유산이 합법적이고 환영 받는 문화를 만들어야 한다. 유산 문화의 핵심은 타인의 위대함, 기름부음, 승리를 기뻐하는 능력이다. 우리가 개인으로서, 공동체로서 이 능력을 일상 속에서 키워 갈 때 새로운 차원의 모멘텀과 전례 없는 하늘로부터의 부으심을 경험하게 된다.

우리는 열심히 일하고 그 노고의 결실을 맺은 사람들을 진심으로 축하하고 격려한다. 농부가 밭에 나가 파종을 하고 물을 주고 매일 씨앗을 돌보면, 언젠가는 그 씨가 싹을 틔우고 자라난다. 그 농부에게 결실을 볼 자격이 없다고 말할 사람은 아무도 없다. 누구라도 그 농부에게 이렇게 말하리라: "수고했습니다. 씨를 뿌리고 물을 주었으니 당신은 결실을 볼 자격이 있습니다." 열심히 일한 사람은 열심히 일했기 때문에 결실을 얻을 자격이 있다. 이는 지극히 당연한 결과다. 잠언은 곳곳에서 게으름부리지 말고, 열심히 일하고, 수고한 결실을 누려야 한다고 분명히 밝힌다. 성경에서나 삶에서나 우리가 반드시 기억해야 할 중요한 원칙이다.

> "내가 게으른 자의 밭과 지혜 없는 자의 포도원을 지나며 본즉 가시덤불이 그 전부에 퍼졌으며 그 지면이 거친 풀로 덮였고 돌담이 무너져 있기로 내가 보고 생각이 깊었고 내가 보고 훈계를 받았노라 네가 좀더 자자, 좀더 졸자, 손을 모으고 좀더 누워 있자 하니 네 빈궁이 강도 같이 오며 네 곤핍이 군사 같이 이르리라" (잠 24:30~34).

참된 유산의 문화의 특징은 시기와 질투가 결코 유산의 문화에 추진력이 되지 않는다는 점이다. 특정한 환경에 들어가 그 환경 가운데 사는 사람들과 교제하다 보면 이내 그 환경을 추동하는 힘이 무엇인지 파악이 된다. 기뻐하고 축하하는 것인지 질투와 시기인지가 분명하게 보인다. 사실 다른 사람이 수고하고 애쓰지 않았는데도 받는 모습, 즉 유산을 받는 모습을 보고 기뻐하고 격려하는 문화나 환경을 찾기는 어렵다. 다시 말해, 유산은 자기 수고의 결실이 아닌 다른 사람의 노력의 결실이다. 대개는 그런 모습을 보고 이런 반응을 보인다: "그렇게 되기 위해 그 사람은 대체 무엇을 했나요?" "그 사람이 그저 얻은 그것을 위해 나는 죽도록 일했다고요!" 유산과 모멘텀을 독려하는 문화를 세우고자 한다면 왜냐고 묻기를 그치고 우리에게 주어진 것을 선한 청지기로 잘 관리해야 한다.

성과를 동인으로 삼으면 다른 이의 유산을 기뻐하고 축하해 주기 힘들다. 우리는 우리가 내놓는 성과의 수준이 우리 삶을 좌우하는 삶의 방식을 만들어 냈다. 때문에 다른 이들이 목표로 삼고 수고하지 않았는데도 무언가를 받는 모습을 보면 성과를 중심으로 삼는 우리의 핵심 가치를 침해당했다고 느낀다. 그러면 어떤 이들은 더 열심히 일을 하고, 어떤 이들은 영적 성장이 그 지점에서 멈춘다.

나사렛에서 예수님을 거부했던 영은 다른 이들의 유산을 기뻐하지 못하게 하는 영이다(마 13:53~58 참고). 나사렛 사람들은 예수님을 익히 알았다. 우리도 누군가와 익숙해지면 더 이상 그 사람 안에서 발견되는 모습을 귀히 여기지 않는다. 익숙함은 종종 의구심과 질투를 자아낸다. 그런 상황에서 예수님은 기적을 거의 행하실 수 없었다. 나사렛은 예수님을 기뻐하고 귀히 여기는 능력이 부족해서 결국 부지중에 초자연적인 역사를 제한하고 말았다. 참으로 놀랍지 않은가!

다른 이의 유산과 모멘텀을 기뻐하고 귀히 여길 기회를 적극적으로 끌어안으면 실로 놀라운 일이 일어난다. 우리 마음이 하나님의 마음과 공명하게 된다. 다른 이의 유산을 귀히 여기는 문화에는 모멘텀이 생겨나고, 사람과 관계와 아이디어가 꽃피는 분위기가 조성된다.

아직까지 교회는 온전히 생명을 섬기고 귀히 여기며 기뻐하는 곳으로 알려지지 못했다. 죽음이 있는 곳에 교회가 생명을 전할 수 있다. 망가진 부부관계를 건강한 부부관계로 회복시킬 수 있다. 질병에 상한 육신을 온전하고 건강한 몸으로 만들 수 있다. 갈등과 분쟁을 평화로 바꿀 수 있다. 분노의 뿌리를 제하고 기쁨을 가져올 수 있다. 이것이 바로 생명을 섬기고 기뻐하고 귀히 여기는 교회의 모습이다. 그 날이 신속하게 다가오고 있다. 우리는 생명을 귀히 여기고 기뻐하며 세상에 생명을 전하는 공동체로 알려지게 될 것이다. 나는 온 세상에서 사람들이 풍성한 삶을 살며, 무엇을 하든 하나님의 아름다움을 경험하는 이야기를 끊임없이 듣는 그날을 꿈꾼다.

우리가 다른 이의 위대함과 기름부음, 승리를 인식할 때 그를 통해 우리 마음의 태도가 드러난다. 아, 이 얼마나 아름다운가! 우리가 "내 속에 정한 마음을 창조하시고"라고 기도할 때 얼마나 놀라운 기회가 우리에게 주어지겠는가! 우리는 하나님이 순식간에 우리 마음을 정결하게 하시리라고 기대한다. 하지만 내 경험으로는 마음의 정결함은 일련의 기회를 통해 이루어진다. 이런 기회가 주어졌을 때 우리는 태도를 조정해서 마음을 보다 정결하고 깨끗하게 만들어 가야 한다.

유산의 개념이 이론상으로뿐만 아니라 실제로도 정당하고 건강하게 서는 문화와 환경을 우리는 성실히 조성해야 한다. 우리 모두에게 유산이 있다는 사실을 이해하고, 우리의 정체성을 온전히 지키며, 사람들의 말과 생각보다 하나님의 생각과 말씀에 더 마음을 쏟아야 한다.

사람들의 평가를 기준으로 존재 가치를 결정하면 삶이 이리저리 흔들린다. 사람들이 부여한 가치에 따라 파도처럼 이리저리 휩쓸린다. 하지만 하나님이 부여하신 가치를 중심점으로 삼으면 변화가 일어난다. 환경이 우리를 만들어 내는 대신 우리가 환경을 결정한다.

우리의 정체성이 우리가 하는 일이나 우리 환경에 좌우돼서는 안 된다. 오직 창조주 하나님께만 영향을 받아야 한다. 참된 정체성은 창조주 하나님께로부터 온다. 하나님은 온 우주를 창조하셨을 뿐 아니라, 만물에 그 바탕과 근간이 되는 정체성을 주셨다. 이 정체성에서 멀어지면 하나님이 뜻하신 온전함과 풍성함에 미달될 수밖에 없다.

참된 정체성을 바탕으로 삼을 때 우리는 주위의 압박에 휘둘리지 않는다. 때문에 우리 주변에 꿋꿋이 자기 길을 가는 사람이 있으면 그 사람을 알아보게 된다. 이런 사람은 환경이 어떻든지 변치 않는다. 예수님의 삶도 그랬다. 예수님은 모든 믿는 자에게 무엇이 가능한지를 잘 보여 주신다. 이 얼마나 강력한 삶의 기초인가!

미주 | ENDNOTES

1. *Merriam-Webster's Collegiate Dictionary*, 11th ed., s.v. "poverty."
2. Judah Smith, Eric Johnson에게 2010년 12월 14일 보낸 이메일에서 발췌.

MOMENTUM
MOMENTUM
MOMENTUM
MOMENTUM
MOMENTUM

CHAPTER 3

당신의 유산을 취하라

몇 년 전 컨퍼런스 참석차 알래스카 행 비행기를 타고 가는 중에 주님이 내게 말을 거셨다. 나는 그때 왕국과 제국이 쇠하는 이유를 생각하는 중이었다. 왜 왕이 제국을 건설하고, 다음 세대가 그 제국을 이어받고, 제국이 쇠락의 길을 걷는 일이 역사에 반복되는가? 왜 한 세대에서 부흥이 폭발적으로 일어났다가도 다음 세대에는 사그라지는가? 이 질문을 곰곰이 생각하고 있는데 하나님이 내게 민수기 13장과 14장을 펼치라고 하셨다.

이스라엘이 막 애굽을 탈출하고 약속의 땅에 들어가기 위해 광야를 지날 때였다. 이 시기는 한 나라가 어마어마한 변화의 시절을 지나는 때이기도 했다. 이스라엘 백성은 하나님이 이들이 유산을 취하도록 예비하신 길을 걷는 중이었다. 이 이야기에서 우리가 앞으로 다가올 변화의 시기를 헤쳐 나가는 데 중요한 몇 가지 열쇠를 찾아보자. 민수기 13장 1절부터 3절을 읽어 보자.

"여호와께서 모세에게 말씀하여 이르시되 사람을 보내어 내가 이스라엘 자손에게 주는 가나안 땅을 정탐하게 하되 그들의 조상의 가문 각 지파 중에서 지휘관 된 자 한 사람씩 보내라 모세가 여호와의 명령을 따라 바란 광야에서 그들을 보냈으니 그들은 다 이스라엘 자손의 수령 된 사람이라"(민 13:1~3).

모세는 몇 가지 지시와 함께 정탐꾼들을 약속의 땅으로 보냈다. 정탐을 마친 후 모세와 이스라엘 백성에게 자신들이 직접 목격한 것을 들려주고 그 땅의 열매를 가져오라는 지시였다. 이스라엘 백성의 마음을 드러낼 기회를 마련하기 위한 전략적 지시였다. 정탐꾼들은 정탐을 마치고 돌아와 자신들이 무엇을 보았는지 보고하고 강 저편에서 발견한 열매를 보여 주었다.

이들은 거인들이 이미 약속의 땅을 차지했다고 보고했다. 정탐꾼들은 다양한 열매를 보여 주며 그 땅에 젖과 꿀이 흐른다는 보고도 덧붙였다. 이 두 가지 보고로 이스라엘 백성의 마음에는 엄청난 긴장감이 조성됐다. 그 땅이 자신들의 것이라는 약속을 받았지만, 동시에 그 땅을 소유하기 위해서는 예상치 못했던 일을 해야 했다. 그 땅을 취할 자리에 설 기회였다. 하지만 그 기회는 이스라엘 백성이 치를 엄두를 내지 못하는 대가이기도 했다.

열매가 이끄는 삶

열매란 무엇인가? 메리암 웹스터 사전은 열매(fruit)를 "식물에서 즙이 많은 부분"이라고 정의한다. "행동이나 활동의 효과나 결과"[1]라는 의미도 있다. 사과를 먹을 때 우리는 사과나무가 일해서 만들어 낸 결과물을 먹는 셈이다. 영적인 의미로, 우리에게 주어진 것을 잘 받아 관리할 때 열매라는 돌파구를 경험하게 된다. 보고는 무엇인가? 우리가 보고 들은 사실에 대한 설명이다. 맥락에 맞춰 '현실, 실체'라는 단어로 대체하겠다.

삶에서 우리는 종종 현실에 대한 보고서와 열매를 동시에 받는다. 예를 들어, 벧엘 교회에서는 오랜 시간 동안 질병과 관련된 부분에서 놀라운 돌파구를 경험해 왔다. 우리가 특히 초점을 맞추는 영역은 암이다. 우리는 암을 열렬히 미워한다.

우리가 사역하는 도시를 '무(無) 암 지대'로 선포했던 초기에는 지금처럼 확실한 돌파구가 보이지 않았다. 믿는 자의 공동체로 함께 나아가는 과정에서 놀라운 성공도 찾아왔지만, 쓰라린 상실도 경험했다. 하지만 오래전부터 우리는 열매에 시선을 고정하고 암이라는 현실에 따라 움직이지 않겠다고 결단했다. 즉 하나님이 행하시는 일에 초점을 맞추고 우리가 원하는 대로 상황이 움직이지 않는다고 해서 마음을 빼앗기지 않겠다고 결심했다.

때문에 암이 힘을 떨치는 현실에 따라 움직이는 대신, '그 땅의 거인들'의 존재에 시선을 빼앗기는 대신 열매를 바라보는 편을 택했다. 열매는 그 열매를 낸 땅을 취하라는 초대이기 때문이다. 암과의 싸움에서 지고 있을 때도 암에서 치유 받은 이들을 바라보았다. 이 같은 긴장감 속에서 우리는 보고와 열매에 똑같은 가치를 부여하지 않겠다고 결단했다.

열매에는 책임이 따른다. 우리가 열매와 보고에 똑같은 애착을 갖게 되면 선택의 여지가 생긴다. 선택의 여지가 생기면 마음이 나뉜다. 많은 경우 우리는 이 단순한 결정이 우리 일상에 어떤 영향을 미치는지 깨닫지 못한다. 내 경우에는 열매와 보고에 같은 비중을 두었을 때 문제와 싸워 이기겠다는 목표 위에 굳건히 서기보다 문제에 대처하게 됐다. 문제에 대처하려는 태도를 너무 오래 견지하다 보면 결국은 그 문제가 우리의 정체성이 되고, 문제와 싸워 이기겠다는 결단은 점점 약해진다. 그러면 문제의 존재조차 망각하고 만다. 면역이 되면서 문제가 있는 상황이 정상으로 느껴지고, 마침내 문제 상황에 익숙해지고 만다. 그러다 덫에 걸린다.

이런 일은 하룻밤 사이에 일어나지 않는다. 대개는 오랜 시간에 걸쳐 일어난다. 이런 역학관계를 잘 알아 둬야 한다. 열매를 받고 나면 그 열매를 관리하는 책임감의 자리로 이동해야 하기 때문이다. 열매를 받은 날부터 태도와 애착이 달라져야 한다. 우리는 종종 왜 하나님이 우리가 굳이 힘들여 싸울 필요 없이 그냥 우리에게 필요한 모든 것을 주지 않으시는지 궁금해 한다. 무언가를 위해 대가를 지불하면 그만큼 그것이 소중하게 느껴진다. 그러면 언제든 원할 때 열매를 딸 능력이 생길 뿐 아니라, 그 열매를 다스리는 권세도 생긴다.

하나님은 우리가 언제든 원할 때 열매를 딸 수 있는 하나님 나라의 실체로 들어오라며 우리에게 열매를 보여 주신다. 열매를 보았을 때, 이스라엘 백성에게는 하나님이 그 열매를 낸 땅에서 이스라엘 백성이 살기를 원하신다는 사실을 믿고 원할 때 언제든 그 땅을 취할 수 있는 기회가 주어졌다. 우리가 약속의 땅을 취했는지 여부는 원할 때 언제든 열매를 딸 수 있느냐로 판별된다. 이스라엘 백성은 그 기회를 취하는 대신 안 좋은 보고에 마음을 빼앗기고 말았다.

나는 영적인 의미에서 '약속의 땅'을 취한 사람을 몇 안다. '재정적' 땅을 취하여 언제나 부를 유지하며, 무엇이든 손을 대면 번창하는 사람들도 있다. 이들은 열매를 보고 결국 그 땅을 취하는 자리까지 나아갔다. 재정적 땅 대신 질병에 대한 권위를 받아 특정 질병에서 탁월한 치유를 경험하는 사람들도 있다. 이들도 마찬가지로 열매를 따라가서 결국 질병을 치유하는 권세의 자리까지 나아갔다.

그런데 대개는 이 같은 권세를 어느 순간 느닷없이 받지 않았다. 작은 돌파구에서 시작되거나 돌파구에 대한 간증을 듣는 데서 시작된 경우가 대부분이다. 포도 알처럼 작은 열매인 경우도 있고, 수박만큼 큰 열매인 경우도 있다. 크건 작건 열매는 열매다. 종종 우리는 돌파구에 대한 기대치를 미리 세워 두고, 우리가 기대했던 수준에 미치지 못하면 다른 곳으로 고개를 돌린다. 더 큰 돌파구로 나아가는 열쇠를 간과하고 만다. 크기에 관계없이 열매를 알아보는 법을 배워야 한다.

그렇다면 현실이 아닌 열매가 이끄는 삶의 방식을 어떻게 만들어 가야 할까? 첫째, 열매의 맛을 알아야 한다. 열매의 맛을 알고 나면 열매를 먹고 싶다는 주림이 우리 안에 생겨난다. 더 많은 열매를 얻는 데 애착과 행동, 관심을 쏟게 된다. 다른 사람이 열매를 맛보고 있는데 우리는 맛보지 못하면 채워지지 않는 주림이 생겨난다. 하나님 나라가 이 땅을 침노하는 모습 보기를 끊임없이 구하며 결정을 내리고 삶을 살게 된다.

하나님은 우리가 항상 열매를 누리기 원하신다는 진리가 우리의 핵심가치가 돼야 한다. 시편 68편 19절은 "날마다 우리 짐을 지시는 주"라고 기록한다. 하나님은 우리가 항상 먹기를 원하신다. 교회는 우리가 열매를 잠시잠깐만 누릴 뿐이라고 믿는 경향이 있다. 열매가 그 열매의 근원으로 우리를 인도하기 위한 미끼라는 사실을 깨닫지 못한다.

우리 삶에 열매가 나타났던 때, 그리고 안 좋은 보고나 거인 때문에 길에서 벗어나지 않고 그 열매가 나온 땅을 구하며 결정을 내렸던 때를 기억하자. 하나님이 거인의 땅을 통과하는 길에 우리를 놓으시도록, 그래서 우리가 모든 과실수가 있는 땅으로 들어가게 하시도록 하나님께 전권을 드리자.

이스라엘 백성의 눈에는 정탐꾼들이 가져온 열매보다 안 좋은 소식이 더 크게 다가왔다. 이들은 열매를 간과했다는 사실을 깨닫지 못했다. 왜 열매를 간과했을까? 약속의 땅에 걸어 들어가기만 하면 끝이라고 예상했기 때문이다. 많은 경우 예상대로 일이 풀리지 않으면 낙심한다. 속도를 늦추거나 걸음을 멈추고 돌아서 버린다. 이스라엘 백성은 그 땅을 점령하기 위해서는 승리를 쟁취해야 한다는 사실을 깨닫지 못했다.

쉬잇! 조용

민수기 13장 30절은 다음과 같이 기록한다: "갈렙이 모세 앞에서 백성을 조용하게 하고 이르되 우리가 곧 올라가서 그 땅을 취하자 능히 이기리라."

중요한 순간이다. 열두 명의 정탐꾼들이 막 백성 앞에서 보고를 마친 참이었다. 이스라엘 백성은 안 좋은 보고를 듣고 어리석은 선택을 하고 말았다. 이스라엘 온 진영에 좌절과 공포가 퍼지기 시작했으리라. 이스라엘 백성은 약속의 땅을 얻기 위해 마음의 준비가 되지 않은 행동을 감행해야 한다는 사실을 깨닫기 시작했다. 거인과 대면해야 한다! 이 순간 갈렙이 의미심장한 행동을 한다. 백성을 조용하게 하고는 이들에게 하나님이 주신 약속을 상기시킨다.

존 맥스웰(John Maxwell)은 "지위상의 리더는 가장 먼저 말하지만, 진정한 리더는 나중에 말한다"[2]고 했다. 이 말에는 심오한 진실이 담겨 있다. 잠잠해야 할 때와 말해야 할 때를 아는 것이야말로 좋은 지도자에게서 공히 나타나는 특징이다. 좋은 리더는 주의해서 신중하게 말하고, 때가 왔을 때 목소리를 높인다: "죽고 사는 것이 혀의 힘에 달렸나니 혀를 쓰기 좋아하는 자는 혀의 열매를 먹으리라"(잠 18:21).

'힘'이라는 단어는 히브리어로 '야드'(yad)로, 확장 또는 손이라는 의미다. 사람의 손을 지칭하는 것으로, 우리가 사는 세상을 우리가 조율하고 정리할 수 있다는 사실을 뜻한다. 우리 혀에 세상을 빚어 낼 능력이 있다는 의미다. 우리 입에서 나오는 말이 우리가 경험할 삶의 질을 결정한다. 많은 이들이 우리의 현재 삶이 우리가 지금까지 내뱉은 말의 직접적인 결과라는 사실을 인식하지 못한다. 어떤 말을 **할 수 있다고** 해서 그 말을 **해야 하는** 것은 아니다.

궁극적으로 우리 삶의 분위기를 우리가 만든다. 갈렙은 앞으로 그가 살아갈 분위기가 공포와 좌절에 점철되도록 내버려 두지 않았다. 하나님이 그 땅을 주신다고 약속하셨고, 하나님이 이스라엘 백성이 그 땅에 들어가기를 바라신다는 사실을 의식적으로 백성에게 상기시켰다.

우리는 자문해 봐야 한다: "부담이 밀려올 때 나는 무슨 말을 할까?" 더 이상 감당할 수 없을 정도로 부담이 커질 때 우리 입에서 무슨 말이 나오는지 예의주시해야 한다. 어떤 말을 하는지 알기 위해 도움이 필요하다면 나를 가장 잘 아는 몇몇 사람에게 묻는 방법도 있다: "내 마음의 자세와 내 입에서 나오는 말이 생명을 일으킵니까, 아니면 불안과 스트레스를 가져다줍니까?" 알게 된 지 얼마 안 된 사람에게도 같은 질문을 해야 한다. 그러면 주위 사람들이 우리를 어떻게 보는지 알 수 있다.

그런데 살다 보면 정말 힘든 날도 있다. 그런 날에 우리가 무슨 말을 하는지 보면 우리 마음 상태가 드러난다. 잠잠하고 신중하게 말하는 기술을 터득한 사람은 거인과 싸울 준비가 됐다. 잠잠히 있는 법을 배우라는 말이 거인에 대해 잊고 살라는 말은 아니다. 상황의 압박에 짓눌려 삶을 힘겹고 고단하게 하는 분위기를 만들지 말라는 의미다.

40년 후 여호수아서를 보면 이스라엘 백성은 하나님의 명령에 따라 여리고 성을 돌면서 하나님이 직접적으로 명하지 않으신 행동을 한 가지 더 한다. 이스라엘 백성은 성을 도는 동안 '잠잠' 하고 한마디도 하지 않았다. 일전에 입을 열었다가 40년간 광야를 헤매었으니 동일한 사태의 재발을 막으려는 조치였다.

약속을 의지하여

갈렙은 백성을 잠잠하게 한 후 그 순간 가장 중요한 것, 하나님이 주신 약속을 주목하게 했다.

> "그 땅을 정탐한 자 중 눈의 아들 여호수아와 여분네의 아들 갈렙이 자기들의 옷을 찢고 이스라엘 자손의 온 회중에게 말하여 이르되 우리가 두루 다니며 정탐한 땅은 심히 아름다운 땅이라 여호와께서 우리를 기뻐하시면 우리를 그 땅으로 인도하여 들이시고 그 땅을 우리에게 주시리라 이는 과연 젖과 꿀이 흐르는 땅이니라 다만 여호와를 거역하지는 말라 또 그 땅 백성을 두려워하지 말라 그들은 우리의 먹이라 그들의 보호자는 그들에게서 떠났고 여호와는 우리와 함께 하시느니라 그들을 두려워하지 말라 하나" (민 14:6~9).

이 약속은 백성이 약속의 땅을 점령하도록 돕기 위한 약속이었다. 온 나라가 하나님의 약속에 온 미래와 안녕을 걸어야 한다고 생각해 보자. 우리야 독자의 관점에서 이 구절을 읽으니 '간단하지. 그냥 하나님이 주신 약속을 믿기만 하면 되잖아' 라고 생각하기 쉽다.

친구가 바다에서 스쿠버다이빙을 했던 이야기를 들려줬다. 바다에 장시간 들어가 있는 동안 길을 잃거나 우왕좌왕하지 않으려면 배가 어디 있는지 사전에 나침반으로 확인해야 한다고 했다. 그렇지 않으면 방향감각을 잃고 바다 속에서 길을 잃고 만다. 내 친구는 평소와 달리 나침반으로 배의 위치를 확인해 두지 않았고, 바다 속에 오래 들어가 있다가 어느 순간 길을 잃었다는 사실을 깨달았다. 결국 수면 위로 헤엄쳐 올라와 배의 위치를 다시 확인했다.

스쿠버다이버는 길을 잃으면 수면 위로 올라와 배를 찾아야 한다. 그래야 다시 방향을 설정하고 나침반에 따라 배 위치를 확인할수 있다. 수면으로 돌아오는 이 모든 과정이 애당초 제대로 하지 못했다는 증거다. 배에 타고 있는 사람들은 광활한 벌판에서 무슨 일이 일어나는지 보기 위해 땅에서 고개를 쏙 내미는 프레리 독과 닮았다고 해서 이런 다이버들을 '프레리 독'이라고 부른다.

때로 약속의 땅을 찾아가는 과정에서 우리에게 주어진 것을 취하지 못하게 가로막는 장애물들이 나타난다. 하나님은 우리에게 그분의 약속을 주셨다. 우리가 이 약속으로 무엇을 하느냐가 정말 중요하다. 방향을 잃지 않도록 이 약속을 나침반으로 삼아야 한다. 약속의 땅을 찾아가다가 길을 잃거나 낙심될 때 프레리 독처럼 고개를 내밀고 다시 배를 찾아야 한다. 나도 길을 잃고 낙심될 때가 있다. 그럴 때는 돌아가 주님이 내게 주신 약속을 읽고 기억하면서 내나침반을 다시 목적지에 맞춘다.

나는 지금까지 하나님이 내게 주신 예언의 말씀과 약속을 모두기록하고 점검해 왔다. 문서로 만들어 아이패드와 노트북 컴퓨터에 저장해 뒀다. MP3 파일로 받은 경우에는 언제든 필요할 때 들을 수 있도록 해 뒀다. 이렇게 함으로써 내 삶을 향한 약속을 끊임없이 상기하고 인식하고자 한다. 나는 모든 사람이 자신을 향한 약속과 예언의 말씀을 연구하고 지키는 학생이자 청지기가 되기를 바란다. 그렇게 할 때 우리 앞에 무슨 일이 닥치든 흔들림 없이 약속의 땅을 향해 나아갈 수 있다.

미주 | ENDNOTES

1. *Merriam-Webster's Collegiate Dictionary*, 11th ed., s.v., "fruit."
2. John Maxwell, *The 21 Irrefutable Laws of Leadership*(Nashville, TN: Thomas Nelson, 1998), 48. 「리더십 21가지 법칙 - 사람을 세우는 인재 경영」(도서출판 청우 역간).

MOMENTUM
MOMENTUM
MOMENTUM
MOMENTUM
MOMENTUM
MOMENTUM

CHAPTER 4

존귀히 여김으로 나아가라

·

빌 존슨

부흥을 향한 내 사랑은 한 번도 그친 적이 없다. 예나 지금이나 부흥에 관한 글을 읽을 때마다 내 가슴은 뜨겁게 타오른다. 성령이 넘치도록 부어지는 모습을 살아서 보기를 하나님께 울부짖으며 열정으로 기도하고 간절히 소망한다. 나는 하나님께 단순소박하게 기도했다: "하나님, 주님을 더 알기 위해 기꺼이 대가를 지불하겠습니다. 주님을 더 원합니다. 주님의 영으로 저를 지금까지보다 더 넘치게 채우소서." 때로는 한밤중에 기도하기 위해서가 아니라 자면서 기도를 하다가 잠이 깨기도 했다.

　우리는 지난 15년간 하나님이 성령을 넘치도록 부으시는 놀라운 삶을 경험해 왔다. 과거 내가 평생 동안 보리라 생각했던 기적보다 더 많은 기적이 한 달 안에 일어나고 있다. 참으로 감사하다. 하지만 나는 만족하지 않는다. 하나님은 우리에게 더 주시면서 우리에게 주신 것보다 더 많이 보게 하신다. 하나님이 내일을 위해 예비하

신 것을 향한 주림을 오늘 느끼도록 우리를 인도하시기 위해서다.[1]

하나님이 내 안의 주림을 더하시기 위해 사용하시는 방법은 대부흥에 관한 기록이다. 비교가 항상 좋다고는 못하겠지만, 하나님이 다시금 그 일을 하시겠다는 생각으로 '합당한 전례'를 남기신 기록을 읽는 것은 좋다. 간증의 본질은 하나님이 다시 하고자 하시는 일에 대한 계시다. 그런 의미에서 대 부흥의 기록은 효과가 있다. 피니, 맥퍼슨, 에드워즈, 웨슬리와 같은 이들의 이야기를 읽을 때마다 내 가슴에 불이 붙는다. 나는 아무런 수고도 하지 않았는데도 마치 숨을 쉬듯 자연스레 마음이 뜨거워진다. 나는 타오르기 위해 태어났다.

장군들의 집

주님은 오해와 고난, 고초와 핍박을 당한 믿음의 선배들에 대해 내게 말씀하기 시작하셨다. 이 부흥의 주역들이 치른 대가 덕분에 동시대 사람들이 하나님과 의미 있는 만남을 경험했다. 우리 할아버지는 스미스 위글스워스의 사역에 동참하셨다. 할아버지가 내게 이런 말씀을 하셨다: "모두가 위글스워스를 좋아하지는 않았단다." 물론 오늘날에야 누구나 위글스워스를 좋아한다. 이미 죽었으니 안 그럴 이유가 없다. 이스라엘 백성도 죽은 선지자들은 다 좋아했다.

믿음의 영웅들은 하나님을 따르기 위해 준엄한 선택을 했다. 그 선택을 통해 우리 힘으로는 도저히 가까이 갈 수 없는 존재에 가까이 갈 수 있는 길을 열어 줬다. 주님은 내게 이 부흥의 주역들에 대해 이렇게 말씀하셨다: "과거의 장군들을 존귀하게 여기면, 삶을 처참하게 마감한 이들이라도 귀하게 여기면 네게 그들의 기름부음을 주마." 나뿐 아니라 우리 교회 가족들을 향한 말씀이었다. 그때 솔로몬의 삶이 그리 아름답게 마무리되지 못했다는 사실이 떠올랐다. 시작은 좋았다. 하지만 솔로몬은 하나님이 금하신 혼인을 했고, 그로 인해 이후 300년간 이스라엘은 우상 숭배에 빠졌다. 하지만 하나님은 성경에 솔로몬의 승리와 성과와 함께 그의 실패를 기록하기를 부끄러워하지 않으셨다(왕상 11:4 참고). 히스기야는 성경의 위대한 부흥 운동가다. 하지만 그의 마지막은 슬프고 실망스럽다. 하지만 하나님은 히스기야의 불순종이 고스란히 기록된 성경에 그의 순종의 모습도 기록하셨다(대하 32:25~33 참고). 주님은 내게 부흥의 주역들에 관한 도서관과 박물관을 건립하라고 말씀하셨다. 향후 이 도서관과 박물관을 '장군들의 집'(the House of Generals)이라 명명할 계획이다.

하나님의 명령을 받고 하나님이 주신 기회를 깨달은 후, 나는 기회가 생길 때마다 부흥가들에 관한 자료들을 사 모았다. 그러다 보니 소장한 자료가 상당해졌지만, 아직 도서관 수준이 되기에는 턱없이 부족했다. 그러던 어느 날 로버츠 리어든(Roberts Liardon)이 전화를 걸어 본인 소유의 도서관과 박물관을 내게 매각하겠다고 밝혔다. 수십 년을 들여 수집한 소중한 자료들도 포함됐다. 리어든과 나는 같은 열정을 가지고 있다. 리어든은 우리가 박물관과 도서관을 매입하기까지 오랜 시간 인내심을 가지고 기다려 줬다. 우리가 그가 수집한 소중한 자료들을 세계 역사에 영향을 끼칠 부흥의 세대를 세우는 데 사용하리라는 확신이 있었기 때문이다.

이제 필요한 자료는 갖췄고, 이 훌륭한 자료들을 전시할 건물을 세우려고 준비하는 단계다. 하지만 건물보다 더 중요한 것은 결말이 어떠했든 믿음의 선배들을 존귀하게 여겨야 한다는 확신이다.

수치스러운 자를 존경하라?

불행히도 몇몇 사람의 이름을 언급하면 믿는 이들의 공격이 쏟아진다. 성경 곳곳에 문제가 있는 사람들의 이름이 등장하는데도 불구하고 문제가 있는 사람은 하나님이 쓰실 리 없다는 생각이 확고하기 때문이다.

존 알렉산더 도위(John Alexander Dowie)는 놀라운 사람이었다. 많은 이들이 그를 치유 사역의 아버지로 여긴다. 그는 복음을 위해 한 해에 100번 넘게 수감되기도 했다. 하지만 말로는 비참했다. 차라리 그가 아예 존재하지 않았다거나 이단이었다고 치부하는 편이 낫다고 여기는 사람도 많다. 하나님이 불완전한 사람들을 사용하신다는 사실을 인정하느니 그의 사역이 참되지 않았다고 결론짓는 것이 수월하기 때문이리라.

윌리엄 브랜험(William Branham)은 가장 비범한 기적의 은사를 받은 지극히 겸손한 사람이었다. 기적을 위해 특별히 기름부음 받은 사람을 찾으라면 주저 없이 그를 꼽을 정도였다. 하나님의 영이 브랜험 위에 임한 모습을 지켜본 하나님의 사람들의 이야기를 우리는 진지하게 받아들여야 한다. 예수님 이래로 브랜험만큼 특별한 기름부음을 받은 사람은 없었을지도 모른다. 하지만 그 역시도 완벽한 사람은 아니었다. 말년에 기괴한 교리를 내세웠고, 많은 이들이 빈대 잡으려다 초가삼간 타 태우게 만들고 말았다. 뼈를 발라내며 고기 먹는 법을 배우는 것보다 흠이 있는 사람을 그냥 거부하는 편이 쉬워 보인다. 내 의견만 있으면 거부하기는 어렵지 않으니 말이다. 하지만 취할 것을 취하고 버릴 것을 버리기 위해서는 성숙해야 한다.

로니 프리스비(Lonnie Frisbee)는 예수 운동(the Jesus People Movement) 당시 하나님께 쓰임 받아 갈보리 채플과 빈야드에 심대한 영향을 끼친 괴짜 청년이었다. 그 역시도 비범한 기름부음을 받았다. 캐더린 쿨만과 같은 이들의 관심과 사랑을 받을 정도였다. 존 윔버가 섬겼던 요르바 린다 교회에서 그가 인도한 어머니의 날 예배를 지금도 많은 이들이 지향점으로 삼는다. 하나님이 오랫동안 빈야드에서 강력하게 역사하기도 하셨지만, 로니의 비범한 은사는 빈야드가 한 차원 올라갈 수 있는 돌파구 역할을 했다. 하지만 삶에서는 처절하게 실패했고, 결국 에이즈로 사망했다. 많은 이들이 그가 오늘날 우리의 삶에 영향을 끼쳤다는 사실을 모른 척 넘어가려 한다. 아예 그의 이름을 언급하지 않고 특이한 젊은이로만 치부하려 한다. 그의 역할을 완전히 무시하는 사람들도 있다. 하지만 하나님은 그렇지 않으시다. 프리스비처럼 당혹스러운 죄를 지어도 우리처럼 불편하게 여기지 않으시는 듯하다.

승리와 실패를 모두 경험한 이들이 이 외에도 수없이 많다. 이들 세 사람을 언급한 이유는 그들의 이름이 마침 떠올랐기 때문이다. 이들의 이야기를 읽다 보면 교회사에서 이들이 담당한 역할에 감사하게 된다. 우리가 이들을 택하지 않았다. 하나님이 택하셨다. 하나님은 절대 이들의 죄의 문제를 모른 척하지 않으시지만, 하나님은 이들의 약함을 아시고도 이들을 사용하셨다. 우리 중에 완벽한 사람은 없다. 그런데도 우리는 하나님이 이들처럼 불완전한 사람들을 사용하셨다는 사실에 화들짝 놀란다. 하나님은 우리의 약함이나 죄를 괜찮다고 말씀하지 않으신다. 그럼에도 우리를 영원히 자유하게 하시기 위해 영적인 영역으로 우리를 들이신다.

허락하신 은혜를 취하고 활용하지 못한다면 그것은 복음의 잘못이나 설교자의 스타일, 메시지 혹은 그들이 살았던 시대의 잘못이 아니다. 오롯이 그들의 잘못이다. 하지만 하나님은 그분이 그러한 사람들을 사용하셨다는 사실을 수치로 여기지 않으신다. 하나님은 그분의 유일하신 아들이 속이고 거짓말하는 자, 간음하는 자, 심지어 창기의 가계에서 태어났다는 사실을 누구나 볼 수 있게 기록해 두셨다. 이는 우리 역시도 은혜를 받을 자격이 있고, 하나님께 쓰임 받을 수 있다는 점을 보여 준다. 하지만 기억해 두자. 하나님은 우리가 진정 자유하게 되기 위해 우리에게 주신 은혜를 취하고 활용하기를 바라신다. 죄에는 변명의 여지가 없다.

우리는 그 누구보다 인생을 초라하고 처참하게 마감한 이들을 잘 받아들여야 한다. 하나님은 불완전한 사람들을 사용하신다. 그들의 삶을 하나님이 인정하셨다는 증거로서가 아니라, 그 사람들을 통해 선포하신 하나님의 말씀을 확증하시기 위해서다. 하나님의 가치관에 우리를 맞춰야 한다. 그렇지 않으면 앞선 사람들을 통해 행하신 하나님의 일을 부끄럽게 여기는 것이나 다름없다. 그들을 변호해 줄 사람이 아무도 없기에 하나님이 그들을 변호하신다. 나는 많은 이들이 역사에서 중요한 자리를 차지한 사람들을 생각 없이 비판하고 비방했기 때문에 영적 빈곤에 빠지게 됐다고 생각한다. 생각 없는 비난은 비난의 대상이 죽었다 하더라도 절대 용인할 수 없다.

우리는 깨어 경계해야 한다. 아무 생각 없이 부주의하게 비판한다면 결국 그들을 속인 그 영에 나를 내어 주는 것과 마찬가지다. 고린도전서 10장 12절의 말씀, "그런즉 선 줄로 생각하는 자는 넘어질까 조심하라"는 말씀이 바로 그런 의미가 아니겠는가? 다른 이를 비판하는 데 필요한 오만이 결국 우리 자신의 실패를 불러온다.

다시 한 번 말하지만, '심령의 가난함'을 위해서는 은혜에 대한 온전한 의지가 필요하다. 그래야 장차 큰 고통을 피할 수 있다.

"안 돼요, 그들은 안 됩니다!"

하나님이 행하시는 일에서 내가 발견한 현상이 있다. 하나님은 종종 우리가 간절히 바라는 영적 돌파구를 우리가 절대로 가까이하고 싶지 않은 이들의 진영에 두신다. 하나님을 더 바라는 우리의 주림을 시험하는 순간이다. 부흥을 위해 어떤 대가라도 치르겠다는 우리 기도에 대한 궁극의 시험이다. 하나님이 겸손을 얼마나 귀히 여기시는지를 고려하면 하나님이 우리에게 그러한 시험을 주시는 것이 별로 놀랍지 않다. 예수님은 우리의 구속을 위한 대가로 두 강도와 함께 십자가에 달리지 않으셨는가? 예수님은 수치를 감내하셨다. 우리는 어떤 이유에서든 우리를 당혹스럽게 하는 다른 믿는 자들과 함께하는 법을 배워야 한다. 주인이 가셨던 길을 종 된 우리도 가야 한다.

성공과 실패를 모두 경험한 이들은 승리를 통해 유산을 남겼다. 성령님은 우리에게 이들의 실패를 되풀이하지 않을 지혜를 주신다. 그래서 나는 로버츠 리어든의 책 「하나님의 장군들」(God's Generals) 1권을 우리 학교 필독서로 지정했다. 리어든은 그들의 삶을 조롱하거나 부당하게 수치스러워하지 않으면서 그들의 약함을 지적한다.

실질적 존경

내가 언급한 사람 중에 누구든 지금 살아 있는 사람이 있다면 나는 그 사람을 존귀하게 여기기 위해 노력할 테다. 나는 그들이 하나님 안에서 이룬 성취를 기억하고 그 기억을 간직할 책임이 있기에 남아 있는 것이다. 그들의 가족을 만나면 **나는 그들에게 존경을 표하고, 그들이 남긴 유산에 감사한다.** 기회가 생길 때마다 나를 위해 기도해 달라고 청한다. 몇 년 전, 나는 10여 년 전 세상을 뜬 위대한 부흥의 주역의 손녀를 만났다. 당시 그 손녀는 12세였다. **그 아이에게 나를 위해 기도해 달라고 청했다.** 그 아이에게 가족의 기름부음이 흐르고 있음을 알았기 때문이다. 소녀는 친구와 함께 강력하고도 아이다운 기도를 했다. 그 기도는 내게 심대한 영향을 끼쳤다. 부흥의 주역을 직접 만나 받을 수 없는 것을 기도를 통해 받을 수 있어 얼마나 감사했는지 모른다. 그가 내 앞에 서서 기름부음을 나눠 주는 위대한 기도를 하는 느낌이었다.[2]

우리는 소소한 부분이 사실이라 하더라도 **비방과 비판을 그쳐야** 한다. 하나님을 위해 이들이 무엇을 성취했는지에 비추어 이들을 평가해야 한다. 하나님 나라의 문화는 사람들의 부족함에 걸려 넘어지지 않으면서 사람들의 모습 있는 그대로를 기뻐한다. 비난과 비판을 즐기는 다른 신자들과 **부주의하고 생각 없는 대화를 하지 않도록 주의하라.** 이런 쓸데없는 말을 통해서는 결코 의미 있는 성취를 이루지 못한다.

나는 솔로몬의 삶을 공부할 때 참 즐겁다. 그는 부와 권력과 건강보다 지혜를 택했다. 그의 선택이 내게 큰 울림으로 다가온다. 하지만 그의 말로는 비참했다. 그의 죄를 용인할 생각은 조금도 없다. 오히려 그의 실수를 보고 내 삶의 경계를 삼엄히 해야겠다고 다짐한다. 하지만 나는 그를 비판하지 않으려 한다. 누군가의 실패를 반복한다면 시간 낭비일 뿐이다. **역사를 배워야 하는 이유는 역사의 실패를 반복하지 않기 위해서다.** 우리는 과거의 성도들을 더 이상 비방하지 말아야 한다. 비방은 우리 삶에서 하나님을 더 알지 못하게 하며, 얻지 못하게 만들 뿐이다.

그들의 성취에 대해 읽어야 한다. 흔해빠진 비평가들의 글이 아니라, 이들을 갈기갈기 찢어 놓겠다는 생각 없이 이들의 삶을 면밀히 연구한 사람들의 글을 읽어야 한다. 이들이 발견한 돌파구 이야기를 부르짖음을 통해 우리의 이야기로 만들어야 한다. 하나님은 편애하시는 분이 아니시며, 어제나 오늘이나 영원토록 동일하신 분이심을 기억하며 이들의 간증에 귀를 기울여야 한다. 하나님이 다시금 놀라운 일을 행하시고자 하시며 그렇게 하실 준비가 되셨다는 확신이 왔을 때 주님을 더 바라는 **새로운 주림으로 우리 목소리를 높여야 한다.** 하나님이 하나님의 사람들을 어떻게 사용하셨는지를 읽으면 하나님께 더 부어 주시기를 눈물로 부르짖게 된다. 이들이 남긴 삶의 재가 우리 삶을 지피는 석탄이 되게 하자. 하나님이 임재를 부으시기로 택하신 이들을 우리가 귀히 여기면 하나님이 그 모습을 귀히 여기신다고 나는 믿는다.

마지막으로 우리는 이들 위에 임하신 **성령님을 존귀하게 여겨야** 한다. 나아가 이들에게 임한 기름부음을 존귀하게 여겨야 한다. 예를 들자면, 윌리엄 브랜험은 기적 사역에서 1만 번 넘게 환상을 봤고, 그 환상 모두 100퍼센트 정확하다고 들었다. 만약 나도 그와 같은 경험을 하고 싶다면 그 같은 사역을 귀히 여기는 마음을 품어야 한다. 그러기 위해서는 먼저 열린 환상을 통해 지식의 말씀을 받아 사역한 이들에게 임한 하나님의 기름부음을 소중히 여겨야 한다. 비교하고 비판하고 싶은 마음을 거부해야 한다. 대신 기뻐해야 한다. 기뻐할 때 그 기쁨의 대상에 참여할 가능성이 훨씬 높아진다.

결론

존귀하게 여기는 태도는 마음에서 시작된다. 자기만족을 위해 다른 이들을 끌어내리려는 '종교성'을 제할 때 영적 유산에 더욱 가까워진다. 앞선 세대의 성취는 우리에게 유산으로 남겨져 있다. 하지만 이들의 삶이 아름답지 못하게 끝나면 교회는 종종 논란과 갈등을 일으킨 이들의 사역마저 거부해야 마땅하다고 느낀다.

내 생각은 전혀 다르다. 마귀가 누군가가 후대에 미친 영향을 무력화시키기 위해 안간힘을 쓴다면 오히려 그 사람의 사역에 더 많은 관심을 기울여야 한다고 생각한다. 위조범은 푼돈을 위조하지 않는다. 수고해도 그만큼 보상이 없기 때문이다. 위조범은 100달러 지폐처럼 가치가 큰 것만 위조한다. 마귀가 기름부음 받은 사역을 위조하거나 파괴하려 한다면 그만큼 가치 있는 사역이라는 증거다. 우리가 주려하며 신중하게 그 사역에 접근해야 한다는 의미다. 책임감을 가지고 공동체로서, 한 가족으로서 접근할 때 다른 이들이 실패한 영역에서 돌파구를 찾고 성공을 경험할 수 있다.

미주 | ENDNOTES

1. 이 개념에 대해 보다 깊이 알고자 한다면 저자의 책「Dreaming with God」10장 "Pulling Tomorrow Into Today"를 참고. 「하나님과 꿈꾸기 - 문화적 변화를 위해 하나님과 동역하기」(쉐키나 기획 역간), 10장 내일을 오늘로 앞당기기.
2. 이 주제에 대해 내가 접한 최고의 가르침은 Randy Clark의 There's More에 실려 있다. 영적 유산이라는 주제에 긴요한 복음의 아름다운 부분을 잘 이해하게 해 준다. 「그 이상을 갈망하라」(순전한 나드 역간).

MOMENTUM
MOMENTUM
MOMENTUM
MOMENTUM
MOMENTUM
MOMENTUM

CHAPTER 5

영원무궁토록

"내가 너로 큰 민족을 이루고 네게 복을 주어 네 이름을 창대하게 하리니 너는 복이 될지라 너를 축복하는 자에게는 내가 복을 내리고 너를 저주하는 자에게는 내가 저주하리니 땅의 모든 족속이 너로 말미암아 복을 얻을 것이라 하신지라"

창 12:2~3

생명을 거스르는 사고방식에 정면으로 맞서기

우리는 안 좋은 소식에는 의문을 제기하지 않는 경향이 있다. 안 좋은 소식을 듣거나 읽었을 때는 '그렇게 안 좋을 리가 없어', '사실이 아닐 거야' 라고는 좀처럼 생각하지 않는다. 대개 정확한 정보로 그대로 수용한다. 하지만 좋은 소식을 들었을 때는 '그렇게 좋을 리가 없어', '정말 그 정도는 아니겠지' 라고 생각한다. 하나님 나라에서는 생명이 끊이지 않고 흐른다는 실체를 인정하지 못하는 사고방식에서 기인한 결과다.

안타깝게도 구속 받지 못한 사고방식 때문에 우리는 우리에게 일어난 일을 원래 그래야 하는 일로 받아들인다. 그러다 보면 삶을 살아가고 삶을 바라보는 일정한 기준이 생긴다. 그리고 그 기준이 자리를 잡으면 기준을 영속화시키는 환경이 생겨난다. 우리의 신념과 관점이 쇠퇴하면서 하나님의 진정한 마음을 보지 못하게 된다.

왜 우리는 좋은 소식에는 의문을 품는가? 좋은 일은 언젠가 끝이 난다는 기대를 부추기는 환경을 그대로 방치했기 때문이다. 하나님 나라에서 생명이 창조되면 거기서 끝나지 않고 계속 생명을 가져온다. 하지만 하나님 나라에서 벗어나면 좋은 것은 언젠가 끝이 난다고 한결같이 가르친다. 그렇다면 우리는 어떤 세상에서 살고자 하는가? 하나님 나라 안인가, 밖인가?

좋은 소식에 의문을 품는 사고방식은 환경을 **초월하는** 대신 환경의 **지배를 받는** 사고방식이다. 삶을 주도하지 못하고 삶에 끌려간다. 어디를 가든 생명이 끊임없이 흘러나오는 사고방식을 원한다면 기존의 사고방식에 정면으로 맞서야 한다. 물론 인생은 결코 아름답기만 하지 않다. 하지만 중요한 점은 힘든 날이냐 아니냐가 아니다. 환경의 지배를 받으며 살기를 원하느냐 아니면 환경을 뛰어넘어 살기를 바라느냐다.

환경의 지배를 받는 사고방식에 맞서기 위해 먼저 이런 사고방식이 언제 그 추악한 머리를 드는지를 알아야 한다. 그 모습을 확실히 드러낼 때가 아니라 모호하게 움직일 때를 포착해야 한다. '내가 정말 치유를 받을 수 있을지 확신이 안 서. 나는 좋은 직장에 들어가지 못할 거야. 이 좋은 시절이 언제 끝이 날까? 안 좋은 날은 언제부터 올까?' 이런 생각들 말이다. 이런 사고방식을 이기려면 하나님 나라의 실체로 그 사고방식을 덮씌워야 한다. 하나님 나라가 움직이는 방식을 이해하면 하나님 나라의 실체에 맞춰 나 자신을 내적으로 조정하게 되고, 그것이 결국은 외적으로 드러난다.

중학교 시절, 우리 가족은 일정 기간 동안 아이들을 위탁 받아 양육하기로 했다. 스테판과 에릭은 양친이 모두 사망해서 우리 가정에 맡겨진 아이들이었다. 그 아이들이 우리 집에 온 첫날밤이 생생히 기억난다. 저녁 식사를 하려고 식탁에 둘러앉았는데 그 아이들은 슬픔과 충격이 교차하는 표정을 지었다. 6세, 4세의 어린아이들이 부모님을 잃는 끔찍한 경험을 하고 생전 처음 보는 사람들의 집에 온 것이다.

저녁 식사 전 함께 기도를 하고 식사를 시작했다. 아이들이 접시를 움켜쥐고 음식을 들이마시듯 먹는 모습을 입을 벌리고 쳐다봤던 기억이 난다. 먹고 싶을 때 먹는 데 익숙하지 않았던지라 아이들은 누가 빼앗아 갈까 접시를 가리며 정신없이 음식을 먹었다. 그 아이들이 삶에서 얻은 교훈은 좋은 일이 일어나면 그 일이 끝나기 전에 최대한 움켜쥐라는 것이었다.

그 아이들은 당분간 좋은 음식을 먹지 못할지도 모르니 최대한 빨리 먹어야 한다고 생각했던 모양이다. 저녁을 먹는 동안 부모님이 스테판과 에릭에게 우리 집에 머무는 동안에는 굶는 일이 없을 것이라고 설명하셨다. 그로부터 몇 주가 지난 후에야 두 아이는 식사 시간마다 밥을 먹을 수 있다는 사실을 깨달았다. 그러고도 또 한참이 지나고 나서야 아이들은 정상적인 속도로 식사를 하게 됐다.

원하는 음식을 언제든 먹을 수 있다는 사실을 깨달으면 행동하는 방식과 삶에 반응하는 방식이 달라진다. 더 이상 결핍에 대한 두려움에 끌려 다니지 않고 풍성한 삶을 누리게 된다. 이것이 바로 영적, 신체적, 정서적으로 우리를 하나님 나라의 권세를 얻는 자리까지 이끌어 가는 유산에 대한 이해의 본질이다.

많은 이들이 에베소서를 사도 바울 최고의 책으로 꼽는다. 에베소서는 에베소 교회에 보내는 편지다. 그런데 이 편지는 바울이 흔히 썼던 편지와 다르다. 에베소 교회를 향한 바울의 사랑과 애정을 보여 주는 편지이기 때문이다. 에베소서를 읽고 나면 에베소 교회에 하나님 나라가 풍성히 임하도록 생명과 풍성함을 자아내는 삶의 방식과 사고방식을 전폭적으로 받아들이기를 원하는 바울의 열정이 느껴진다. 에베소서는 하나님 나라로 더 깊이 들어가도록 돕는 접속점이다.

많은 믿는 자들이 자신들이 하나님 나라의 삶의 방식대로 살 수 있음을 믿지 못하기 때문에 그 삶을 살지 못하고 있음을 깨닫지 못한다. 그러다 보니 자기 힘으로 어떻게 해 보려 하거나, 체념하고 아무것도 하지 않는다.

우리 문화는 일진이 안 좋은 날 또는 흉작을 예상하고 준비하라고 가르친다. 그 가르침에 따라 우리는 하나님 나라와 어긋나는 방향으로 삶을 조정한다. 때때로 이러한 조정 때문에 생명의 흐름이 막힌다. 하나님은 어제나 오늘이나 영원토록 동일하시다(히 13:8 참고). 우리는 이 진리를 모든 것의 기준으로 삼아야 한다. 이론상으로만이 아니라 실제로도 이 진리가 우리의 기준이 돼야 한다. 하나님 나라를 더 잘 이해할수록 끊이지 않는 생명의 흐름을 더 잘 받게 된다.

전력망은 케이블로 구성된 거대한 네트워크와 전선, 발전소, 벽의 작은 콘센트와 연결된 기지국으로 이루어진다. 전기는 항상 흐른다. 전기는 항상 흐르고 있으니 우리가 전력망에 연결되기만 하면 된다. 하나님은 항상 깨어 계신다. 그러니 우리가 근원이신 하나님께 연결되기만 하면 된다. 하나님 나라는 언제나 깨어 확장되고 있다.

부흥의 역사를 공부하다 보면 특정한 패턴이 반복된다. 하나님의 역사가 일어나는 곳마다 사람들의 삶이 변화되고, 도시와 나라가 바뀌고, 하나님이 사람들을 어루만지신다. 기적과 치유가 일어나고, 부부 관계가 회복된다. 기업이 번성한다. 그리고 부흥이 시작된 세대가 세상을 떠나면서 부흥이 사그라지는 현상이 나타난다.

부흥(revival)은 '생명의 회복'이라는 뜻이다. 하나님의 역사를 나타내기 위해 일반적으로 사용하는 단어다. 부흥은 죽었던 것에 생명이 스며들 때 일어난다. 많은 이들이 부흥이라는 단어를 하나님의 능력이 나타나고, 사람들이 예수님께 순복하고, 많은 질병이 고침을 받는 교회 집회와 동의어로 여긴다. 우리는 습관처럼 과거의 부흥 이야기를 읽으며 그 부흥이 다시금 일어나기를 기대하며 흥분한다.

두 가지 질문을 해 보겠다. 하나님 나라에 부흥이 필요한가? 예수님께 부흥이 필요했는가? 하나님 나라의 목적이 생명을 창조하고 생명 창조를 이어 가는 것이라면 부흥이 필요할까? 애당초 우리가 생명을 잃은 적이 없기 때문에 개인적 부흥이 필요치 않을지도 모른다는 얘기다. 생명이 더 강하게 스며드는 때도 있다. 하지만 일반적으로 생명은 물처럼 흐른다. 그리스도의 몸으로서 우리는 하나님이 무언가를 창조하시면 그로부터 생명이 계속 창조되어야 마땅하다는 진리를 우리 사고에 각인해야 한다.

하나님의 역사가 사람들의 그릇된 결정 때문에 중단된 경우도 역사에 종종 등장한다. 하나님과 동역하지 않은 결과다. 우리가 하나님과 동역할 때 풍성한 결실이 맺히고 모멘텀이 생겨난다. 하나님과 동역을 중단할 때 끝이 보이기 시작한다.

우리 생각보다 큰 구원

한 세대가 유산을 통해 어디까지 나아갈 수 있는지를 깨닫게 되면, 우리 눈에는 보이지 않지만 변화가 일어나기 시작한다. 사람들이 삶이 끝나기만을 기다리는 대신, 이제 막 시작된 생명을 누리는 삶을 살게 된다.

예수님은 말씀하셨다: "적은 무리여 무서워 말라 너희 아버지께서 그 나라를 너희에게 주시기를 기뻐하시느니라"(눅 12:32).

예수님의 입술에서 나온 이런 말씀이 한 무리를 움직여 결국 세상을 거듭거듭 완전히 뒤바꾸어 놓았다. 예수님의 사역의 주된 초점은 한 가지, 하늘에서와 같이 이 땅에도 하나님의 뜻이 이루어지는 것이었다. 33년 동안 예수님은 이 진리를 행동으로, 말로, 삶의 방식으로 보여 주셨다. 예수님이 5천 명을 먹이시고(마 14:13~21 참고), 눈먼 자를 보게 하시고(마 9:27~31 참고), 새 언약을 계시하시고(마 26:28 참고), 죽은 자를 살리신 사건을(요 11:38~44 참고) 비롯해 수많은 증거를 찾아볼 수 있다.

생명이 창조되면 계속 그로부터 생명이 창조되는 것이 하나님 나라의 본질이다. 창세기는 창조의 이야기로 시작된다. 하나님이 어떻게 세상을 창조하시고 우리가 사는 우주를 창조하셨는지를 상세히 기록한다. 하나님이 말씀하시자 세상이 창조됐다. 이렇게 이해할 수도 있다. 하나님이 말씀하시자 하나님의 말씀이 생명을 창조했고, 거기에 그치지 않고 무언가를 시작하시고, 그 이후로 멈추지 않으셨다. 피조물은 하나님의 말씀으로 빚어진 이후로 재생산과 조정, 확장을 거듭해 왔다. 하나님은 창조 시에 "빛이 있으라"(창 1:3)고 말씀하셨다. 그 말씀이 지금도 역사하고 있다! 이 진리가 내게는 기이하게 다가온다. 하나님이 유지하고 지탱하는 일을 지금도 하고 계시다는 증거이기 때문이다.

이 모멘텀을 이해하고 궁극적으로 우리의 역할을 이해해야 한다. 교회는 이 원칙을 놓치고 말았다. 우리는 생명이 우리 앞에 놓여 있을 때 그 생명을 누리는 법을 터득했다. 하지만 그 생명을 잘 지키고 관리해 유산과 번성의 자리에 이르는 지점까지는 가지 못했다. 생명이 창조될 때 더 많은 생명을 자아내도록 하는 자리까지 나아가는 법을 알게 될 것이다. 우리는 이 진리를 새로운 차원에서 이해하게 될 새로운 영역으로 진입하고 있다.

> "여호와께서 아브람에게 이르시되 너는 너의 고향과 친척과 아버지의 집을 떠나 내가 네게 보여 줄 땅으로 가라 내가 너로 큰 민족을 이루고 네게 복을 주어 네 이름을 창대하게 하리니 너는 복이 될지라 너를 축복하는 자에게는 내가 복을 내리고 너를 저주하는 자에게는 내가 저주하리니 땅의 모든 족속이 너로 말미암아 복을 얻을 것이라 하신지라" (창 12:1~3).

하나님의 약속이 이 계속적 생명의 원칙에서 생생하게 드러난다. 하나님은 아브라함에게 선포하셨다: "내가 너로 큰 민족을 이루고", "땅의 모든 족속이 너로 말미암아 복을 얻을 것이라". 하나님은 무엇을 하고 계시는가? 우상 숭배에 빠진 가족에게서 아브라함을 구별해 하나님이 생각하시는 가족의 모습을 따라 빚어진 가족을 만드시어 하나님의 본질을 보여 주고 계시다. 하나님이 생각하시는 가족은 복을 받고 은총 가운데 행하는 가족이다. 하나님은 사람들이 하나님을 간절히 바라도록 계획을 세워 두셨다. 아브라함에게 주신 하나님의 약속은 한 가족에만 국한되지 않았다. 하나님은 아브라함에게 그가 열방의 아버지가 되고 모든 족속이 복을 얻을 것이라고 약속하셨다.

아담과 하와 이야기와 더불어 아브라함에게 주신 하나님의 약속은 하나님이 우리와 함께 어떤 관계를 맺고자 하시는지, 장차 오실 하나님 나라의 기초를 어떻게 만들고자 하시는지를 보여 주는 좋은 예다. 또한 이 약속은 가족을 기초로 삼고 있다. 우리는 가족이라는 하나님 나라의 중요한 개념을 잘 이해해야 한다. 원수는 가족의 개념을 왜곡시키려 안간힘을 쓴다. 오늘날 많은 이들이 역기능적이고 무력하고 궁극적으로는 아무런 기쁨이 되지 못하는 가정 속에 살아간다. 가정적인 문제 때문에 사람들은 가족에서 분리되어 독립하려한다. 가족 안에서의 독립은 건강하지만, 가족에서 떨어져 나와 독립을 하면 모멘텀이 중단되고, 모멘텀에서도 분리되고 만다.

하나님이 이 시대에 행하시는 수많은 일들 가운데 가족과 관계의 회복이 특히 도드라진다. 그 어느 때보다 많은 사람들이 가족과 친구와의 관계를 회복하고자 하는 모습을 본다. 관계의 회복이 아브라함에게 하나님이 약속하신 복의 흐름에 한 세대가 발을 들여놓을 때 나타나는 초기 징후라는 점에서 매우 고무적이다.

하나님은 그분의 백성이 위대해지기를 바라신다. 하나님은 이 바람을 하나님의 백성을 축복하는 자에게 복을 주시고, 저주하는 자를 저주하시겠다는 말씀으로 확증하신다. 하나님은 그분의 본질을 이렇게 규정하셨다: "나는 너와 함께 네 안에 무언가를 창조하고 있단다. 누구든 우리가 창조한 것에 다가갈 수 있단다." 모멘텀이 생겨난다. 우리는 그 모멘텀 속으로 들어갈 수도, 그 모멘텀에서 벗어날 수도 있다.

구약을 보면, 하나님이 한 나라를 축복하시면 대개 다른 나라들이 나아와 이렇게 묻는다: "당신이 가진 것을 갖기 위해 나는 어떻게 해야 합니까?" 하나님의 궁극적 마케팅 전략이다. 우리가 하나님의 하나님 되심을 향해 투기하고 열심을 내게 만드신다.

시편 67편 1~2절은 이렇게 기록한다.

> "하나님은 우리에게 은혜를 베푸사 복을 주시고 그의 얼굴
> 빛을 우리에게 비추사 (셀라) 주의 도를 땅 위에, 주의 구원
> 을 모든 나라에게 알리소서"

시편 기자는 하나님의 은총이 백성에게 임하면 초자연적인 일들이 자연스레 일어나고 하나님 나라가 이 땅 위에 세워진다는 사실

을 알았다: "땅이 그의 소산을 내어 주었으니 하나님 곧 우리 하나님이 우리에게 복을 주시리로다"(시 67:6). 하나님의 얼굴이 우리에게 비추시는 이 실체에 우리 믿는 자들이 발을 딛게 됐을 때 어떤 일이 일어나게 될까 종종 생각해 본다. 여러 가지 반응이 있겠지만, 땅이 "그의 소산을 내어" 줌으로써 화답하리라. 영적인 세계에서 일어나는 일이 자연계에서 다시금 발현된다.

아브라함을 열방의 아버지로 세우시면서 하나님은 그분이 생명을 가져오시고 창조하시는 분이시며, 생명이 그분에게서 흘러나온다는 진리를 보여 주셨다. 하나님은 생명을 발하실 수밖에 없다. 문제는 가는 곳마다 생명을 가져다주는 복과 은총 가운데 행하도록 하나님이 우리를 세워 주시게끔 주도권을 하나님께 내어 드리느냐다.

계속적인 생명의 원칙을 보여 주는 또 다른 좋은 예는 다윗 왕의 삶과 유산이다. 많은 이들이 다윗을 하나님을 예배하고 사랑한 사람, 전사, 작사가, 살인자, 간음한 자로 안다. 이력이 상당히 화려하다. 하지만 우리는 다른 이력만큼 강력한 한 가지를 간과하고 있다. 우리가 간과하는 그 한 가지가 그가 후대에 남긴 유산이기도 하다. 다윗 왕이 그의 삶에서 내린 결정들은 그의 삶이 끝난 후에도 이어진 생명의 흐름을 창조했다.

"그가 이스라엘 왕들의 길을 가서 아합의 집과 같이 하였으니 이는 아합의 딸이 그의 아내가 되었음이라 그가 여호와

보시기에 악을 행하였으나 여호와께서 그의 종 다윗을 위하여 유다 멸하기를 즐겨하지 아니하셨으니 이는 그와 그의 자손에게 항상 등불을 주겠다고 말씀하셨음이더라" (왕하 8:18-19).

"그들의 피는 영영히 요압의 머리와 그의 자손의 머리로 돌아갈지라도 다윗과 그의 자손과 그의 집과 그의 왕위에는 여호와께로 말미암는 평강이 영원히 있으리라" (왕상 2:33).

"그러나 솔로몬 왕은 복을 받고 다윗의 왕위는 영원히 여호와 앞에서 견고히 서리라" (왕상 2:45).

다윗 왕의 삶에서 어떻게 '여호와의 평강'이 그의 집에 영원히 머물게 됐는지를 이해하기 위해 몇 가지를 살펴보고자 한다. 첫째로, 다윗을 예배자로 이해해야 한다. 다윗은 어릴 때부터 아무도 보지 않을 때에도 순전한 경배와 경외로 하나님을 찬양했다. 명성을 떨치기 훨씬 전부터 그는 참된 예배자였다. 그의 삶을 들여다보면 예배를 향한 순수한 열정이 느껴진다. 다윗은 하나님이 행하시는 일보다 하나님의 하나님 되심에 전적으로 사로잡혀 살았다.

하나님의 하나님 되심보다 하나님이 행하시는 일에 마음을 빼앗기면 하나님이 행하시는 일의 핵심을 놓치고 만다. 예배의 핵심은 우리가 아니며, 하나님이 우리를 위해 행하시는 일도 아니다. 하나님의 하나님 되심이 예배의 핵심이다. 하나님이 행하시는 일 때문에 예배를 드리려 한다면, 예배를 도구 삼아 우리가 원하는 일을 하나님이 하시게끔 조종하려는 것밖에 안 된다.

실질적인 사례를 찾아보자. 사람들은 무언가가 필요해서 돈이 많은 사람에게 몰려드는 경향이 있다. 돈이 많은 사람을 대할 때면 행동이 달라진다. 돈이 많은 사람에게서 무언가를 얻고 싶은 마음에 본디 자신의 모습이 아닌 모습으로 변한다. 돈이 많은 사람을 달리 대하고 그 앞에서 다르게 행동함으로써 그 사람을 조종하려 든다. 얄팍한 숭배다. 이런 것을 아첨이라고 부른다.

언젠가 딸아이가 열이 나고 아팠을 때 늦은 밤 아이 상태를 보러 아이의 방에 들어갔다. 아이가 여전히 아프고 열이 떨어지지 않는다는 사실을 확인했다. 그런데 불현듯 하나님을 찬양하면 하나님이 오셔서 우리 딸을 고쳐 주실지도 모른다는 생각이 들었다. 그래서 자고 있는 딸아이 옆에서 조용히 하나님을 찬양했다. 그런데 그 순간, 내가 하나님을 찬양하니 하나님이 무언가를 하시게끔 '만들려' 하고 있다는 사실을 깨달았다. 얼마나 처참한 계시인가. 내 행동으로 하나님을 조종하려 들고 있었다. 즉시 하나님께 예배로 아첨하려 했던 죄를 회개했다.

하나님이 행하시는 일을 경외하는 자체는 전혀 문제가 없다. 사실 하나님은 우리에게 하나님이 행하시는 일을 청지기로 잘 지키고, 하나님의 선하심과 역사를 언제나 기억하라고 명하셨다. 때문에 하나님의 행하심을 바라는 그 자체는 잘못이 아니다. 하지만 하나님의 행하심을 경외하고 바라는 마음이 하나님의 하나님 되심을 경배하는 데까지 이어지지 않는다면 문제다. 초자연적인 기사와 이적을 구하는 마음이 하나님의 하나님 되심을 바라는 것으로 귀결되어야 한다.

영과 진리로 하나님께 드리는 예배는 아름답고 온전하다. 다윗이 추구하고 실천했던 예배의 삶은 다윗 안에 하나님을 좇는 마음을 자아냈고, 하나님은 그 마음을 사랑하셨다. 순전하고 완전한 예배는 자기를 완전히 지우는 예배다. 마음에 품은 목적, 꿍꿍이속, 내밀한 동기가 없다. 그저 하나님께 우리가 마땅히 드려야 할 것을 드리고자 하는 소망뿐이다.

아리도록 달콤한 은혜

아주 오래전 어느 날, 한 사람의 결정으로 두 개의 보이지 않는 세력이 충돌했다. 그날은 하나님이 옛적부터 마음에 새겨 두신 날이었다. 한 세력은 인류의 성취 잠재력을 제한하려 했다. 엔진에 조속기를 두려 했던 셈이다. 엔진의 조속기는 모터에 유입되는 연료의 양을 일정하게 제한함으로써 모터의 힘을 제한한다. 이 보이지 않는 세력은 인류의 조속기였다. 인간이 일하는 능력을 제한했다. 하지만 그 한 사람, 바로 예수님이 그 누구도 생각지 못한 일을 하시기로 결정하셨을 때 상황이 달라졌다. 예수님은 사람들이 꿈도 꾸지 못하던 삶을 우리가 누리도록 대가를 지불하겠다고 결정하셨다.

인류를 제한하던 이 보이지 않는 세력을 한마디로 요약하면 '율법'이다. 율법은 하나님과의 관계에서 벗어났을 때 무엇을 해야 하는지를 보여 주기 위해 만들어졌다. 우리가 관계 가운데 살지 못하면 율법이 기본적인 틀로 작용하면서 어떻게 살아야 하는지를 보여 준다. 하지만 시간이 흐르면서 발견해 왔듯이, 율법을 지키기란 불가능하다. 율법에서 벗어나 하나님과의 관계 가운데로 들어가는 대신 사람들은 율법을 지키기 위해 더 열심히 노력했고, 결국 많은 이들이 아무런 생명이 없는 율법의 노예로 전락하고 말았다.

당시 지도자들은 더 엄격한 규정들을 만들어 어떤 수를 써도 율법을 지킬 수 없게 해 버렸다. 점점 더 많은 이들이 부지불식간에 생명의 길을 버리고 죽음의 길을 택했다.

율법은 많은 이들을 문자의 노예로 만들었다. 자유하게 되리라는 소망을 전혀 주지 못했다. 사랑의 하나님을 보는 능력을 망가뜨렸다. 하나님을 떠올리면 분노하시는 하나님을 떠올리게 됐다. 두려움이 삶을 바라보는 렌즈와 틀이 됐다. 매사에 두려움에 떨었다. 사람들은 극도로 무력해졌다. 그리고 그로 인해 생명을 가져다주는 도덕적 결정을 내릴 능력이 감퇴했다. 뿐만 아니라 관계 가운데 사는 능력도 약해졌다. 대신 파괴가 시작됐다. 가정과 학교, 일터, 일상 곳곳에서 파괴가 일어났다.

예수님이 33세가 되셨을 때 '누구도 생각지 못했던' 계획이 실현되기 시작했다. 자신의 생명을 희생해 우리를 살리시겠다는 결정은 단순히 천국에 가기 위한 수단, 그 이상이었다. 예수님의 결정으로 우리는 하나님과의 관계를 통해서만 가능한 의와 생명의 영역으로 들어가게 됐다. 이어 예수님은 우리를 보이지 않는 더 큰 세력, 바로 '은혜'로 인도하셨다.

예수님이 십자가에 달리신 그날 격렬한 일이 일어났다. 그날은 결코 평화로운 날이 아니었다. 군중을 즐겁게 해 주기 위해 예수님을 참혹하게 살인했다는 점에서도 그렇지만, 그 이면에서 어마어마한 일이 벌어지고 있었다. 율법이라는 이름의 세력이 은혜라는 더 큰 세력에 전복되는 일이 벌어졌다. 그 결과 역사의 흐름이 완전히 달라졌다.

많은 이들은 은혜를 우리를 지옥에 떨어지지 않고 천국에 가게 해 주는 존재라고 이해한다. 물론 맞다. 하지만 은혜를 그저 **그렇게만** 이해할까 봐 걱정이다. 은혜에는 한계가 없다. 은혜에는 끝이 없다. "그 정사와 평강의 더함이 무궁하며"(사 9:7). 이사야는 하나님이 상황을 완전히 바꾸실 때를 예언하고 있다. 예수님이 '무궁한' 무언가, 즉 끝이 존재하지 않는 무언가를 위해 최종적인 값을 치르실 그날을 예언한다.

바울은 갈라디아서 1장 8절에서 실로 강력한 선언을 한다: "그러나 우리나 혹은 하늘로부터 온 천사라도 우리가 너희에게 전한 복음 외에 다른 복음을 전하면 저주를 받을지어다." 무슨 말을 하고 있을까? 갈라디아 지역의 교회들에게 다른 복음이나 가르침이 들어오지 못하게 하고, 바울이 애초에 그들에게 가르친 것과 분리하라고 알리고 있다. 바울이나 천사가 와서 다른 말을 한다면 저주하고 그 말을 완전히 무시해도 된다고 말한다. 바울이 여기서 말하는 본연의 복음은 무엇일까? 바로 은혜의 메시지다.

사람들이 그리스도를 영접하면 놀라운 자유와 기쁨이 찾아온다. 그 모습을 지켜보기만 해도 마음이 즐거울 정도다. 하지만 많은 경우 사람들은 결국 자신이 거저 받은 것에서 멀어지고, 대신 그것을 힘들여 얻으려고 한다. 대개는 부지불식간에 이런 일이 일어나지만, 처음 받은 자유와 기쁨은 희미해진다. 이것이 하나님의 계획이었을까? 죄책감에 시달리라고 은혜를 주셨을까? 은혜 때문에 더 큰 죄책감을 느낀다면 우리가 하나님과의 관계에서 벗어나 율법 아래로 돌아갔다는 의미다.

우리의 정체성은 우리가 은혜를 수용하는 능력에 직결된다. 누구나 살다 보면 만사가 술술 풀리는 때와 무슨 일을 해도 안 되는 때가 있다. 상황이 어려울 때 우리 성품이 단련되느냐고 묻는다면 대개는 금세 그렇다고 답할 것이다. 사실 그렇다. 나 역시도 삶의 나락에 떨어졌다고 느끼는 순간에 내 참 모습을 발견했고, 그 결과 더 강해졌다. 그런데 내 인생의 정점에서 나는 내 참 모습을 더 많이 발견했다.

누군가 이런 말을 했다: "사람이 권력을 쥐게 될 때 진정한 성품이 나온다." 사람이 필요 이상으로 가지게 되면 감춰졌던 모습이 드러난다. 그런데 우리가 꿈꾸고 바라던 것을 얻게 된 그 순간의 행동이 우리 자신에 대해 많은 것을 드러낸다는 사실을 깨닫지 못한다.

1만 달러 빚이 있는데 누군가 와서 "제가 당신에게 1만 달러를 드리겠습니다"라고 했다고 생각해 보자. 그 돈을 기쁘게 받고 빚을 청산할 것이다. 그 돈 덕분에 빚을 털어내고 부채에서 벗어나게 됐다. 그런데 얼마 후 또 다른 사람이 다가와 똑같은 말을 한다고 생각해 보라: "제가 당신에게 1만 달러를 드리겠습니다." 아마 대개는 그 돈을 받고 이제 풍요하게 살게 됐다고 감사할 것이다. 그런데 이런 일이 매일 계속된다고 생각해 보라. 매일 누군가 당신에게 1만 달러를 주려고 한다면 어떻겠는가? 어느 시점에는 불편하고 어색해지면서 부담감을 감당하기 힘들 것이다. 이제 '충분히 가졌으니' 거절할 방법을 찾으려 들 것이다.

궁핍할 때는 거저 주는 선물을 받기가 수월하다. 때문에 부족함이 채워지고 구멍이 메워지면 우리가 풍요에 어떻게 반응하는지가 보인다. 딱히 부족한 것이 없을 때는 거저 받는 선물을 소홀히 여기게 된다. 그러다가 이렇게 말하는 사람들도 있다: "지금까지 받은 것으로 충분합니다. 이제 더 안 주셔도 됩니다." 등한시할 방법을 찾는다. 어떤 사람들은 부담을 느끼고 계속 거저 줄 리 없다며 그냥 받는 대신 그 돈을 벌어야겠다고 생각한다.

우리가 구원을 이런 식으로 받아들인다. 그래서 많은 사람들이 구원의 충만함을 제대로 이해하지 못한다. 우리의 죄 때문에 지옥에 가야 하는데 가지 않게 해 주는 것 정도로 치부한다. 구원을 온전히 이해하지 못한 상태로 사람들은 죄 사함을 받았음을 깨닫는다. 다시 말해, 부채가 탕감됐고, 이제는 손익분기점에 도달했다. 그 지점부터 구원의 나머지를 노력해서 얻겠다는 태도를 보인다. 이로 인해 삶의 모든 영역에서 풍성함으로 인도하고자 하시는 구원의 목적에서 벗어나고 만다.

결국 우리에게 생명을 주기 위해 열려 있는 수도꼭지를 잠가 버린다는 사실을 깨닫지 못하고 있다. 강이 되기 위해서는 끊임없이 물이 흘러 들어와야 한다. 사도 바울은 이 문제를 여러 곳에서 다루고 있다. 우리가 거저 받는 은혜의 선물을 계속 등한시하고 노력해서 얻으려 하면, 결국 우리는 늪이 되어 버린다. 늪은 물이 흘러 들어오지 않는 고인 물이다. 얼마 후에는 썩기 시작하고, 썩은 물에서 사는 생물들이 생겨난다.

프랜시스 프랜지팬(Francis Frangipane)은 이렇게 표현했다.

당신의 생각 중에서 하나님을 향한 소망으로 빛나는 모든 부분은 그리스도께서 자유하게 하고 계신 영역이다. 하지만 소망 없이 절망을 느끼는 사고 체계는 무너뜨려야 하는 견고한 진이다.[1]

우리는 끊이지 않는 생명의 강이 되도록 지음 받았다. 예수님을 믿는 자가 됨과 동시에 우리는 끊이지 않는 생명의 강으로 들어갔다. 우리는 그 안에 계속 머무를 책임이 있다.

> "내가 주는 물을 마시는 자는 영원히 목마르지 아니하리니 내가 주는 물은 그 속에서 영생하도록 솟아나는 샘물이 되리라"(요 4:14).

성경 어디에도 "충분히 마셨으면 꼭지를 잠그라"고 하지 않는다. 사실 계속 더 구하라고 성경은 가르친다(슥 10:1 참고). 달란트의 비유에서 주인은 한 달란트로 아무것도 하지 않았던 사람에게서 그 한 달란트를 빼앗아 가장 많이 가진 사람에게 주었다(마 25:14~30 참고). 통념과는 사뭇 다르다. 우리는 가진 것이 전혀 없을 때에만 하나님이 주신다고 생각한다. 하지만 우리가 충분하다 생각할 때 하나님은 말씀하신다: "내가 예비한 것을 너는 아직 제대로 맛도 보지 못했다."

커피

꽤 오래전 어느 날 밤, 잠자리에 들기 전에 성경을 읽을 때의 일이다. 갑자기 주님이 내게 말씀하셨다: "네게 교훈을 주기 위해 너를 산꼭대기로 데려가겠다." 이후 18개월 동안 나는 정말 특이하고 신나는 경험을 했다. 인생의 풍미를 더해 주는 커피에 얽힌 경험이었다.

어느 저녁 스타벅스 드라이브 스루에서부터였다. 블랙커피를 주문하고 돌아서 커피를 받으려고 하는데 직원이 내게 커피를 내밀면서 이렇게 말했다: "앞 차가 선생님 커피까지 계산했습니다." '좋은 걸.' 나는 생각했다. 다음 주에 똑같은 드라이브 스루 매장에서 커피를 주문했다. 그런데 어쩐 일인지 줄이 평소보다 훨씬 길었다. 드라이브 스루에서는 10초가 1시간처럼 느껴진다. 한참 기다린 후에 커피를 받을 차례가 됐는데, 이번에는 직원이 이렇게 말했다: "선생님, 기다리시게 해서 죄송합니다. 오늘 문제가 있어서 음료를 무료로 제공하게 됐습니다." 두 번 연속으로 커피를 공짜로 마셨다. 그런데 이런 일이 18개월 동안 계속됐다. 내 돈 주고 커피 한 잔 사고 원두커피 한 팩 사기가 말도 못하게 힘들었다.

교회에서 직원과 15분간 짧게 회의를 하기로 했다. 짧은 회의라서 긴 복도 끝 계단에서 만났다. 복도 반대편에는 히브루스(HeBrews) 커피숍이 있었다. 회의를 하면서 '커피 한 잔 하고 싶은데'라고 생각했다. 회의를 마치고 히브루스 커피숍에 가야겠다고 마음먹었다. 그런 생각을 한 순간 한 신사가 손에 커피를 들고 다가와서는 이렇게 말했다: "제가 왜 이 커피를 샀는지 모르겠네요. 저는 원래 커피를 마시지도 않거든요. 혹시 커피 드시겠습니까?" 직원을 쳐다봤다. 그 직원이 커피 생각이 없다고 하기에 기쁘게 커피를 받아 들었다. 부흥은 이래야 한다. 우리가 생각하는 대로 이뤄져야 한다.

그 18개월 동안 내 안에 숨겨진 부분이 드러났다. 충분하다고 생각하면 등한시하는 내 정체성의 한 부분이 드러난 것이다. 18개월의 경험을 통해 나는 불편할 정도로 받는 법을 배웠다. 충분하더라도 멈출 권리가 내게는 없다. 때문에 커피를 마실 때마다 왕과 함께 풍성함을 누리는 삶에 대한 중요한 교훈을 떠올린다.

풍성함을 새로이 이해하기 시작하면 이런 생각이 든다: '나는 그럴 자격이 없는데', '왜 나에게?' 그런 생각이 드는 것이 당연하다. 하지만 풍성함은 우리의 자격에 따라 주어지지 않는다. 하나님은 과분하리만치 풍성하게 우리에게 부어 주시는 분이며, 풍성함의 수도꼭지가 열리고 나면 우리에게는 거절하거나 수도꼭지를 잠글 권리가 없다. 대부분의 사람들이 어느 정도 수준의 '선한' 사람이 되면 그제야 하나님께 받을 준비가 됐다고 생각한다. 하지만 우리는 하나님의 선하심이 우리를 회개로 인도한다는 사실을 잊지 말아야 한다 (롬 2:4 참고). 우리는 이 구절을 완전히 뒤집어 회개가 우리를 하나님의 선하심으로 이끈다고 생각하며 산다. 하지만 하나님은 먼저 그 선하심을 우리에게 부으시고, 그를 통해 우리가 회개하고 생각의 방식을 바꿔야 함을 깨닫게 하신다. 우리의 행위가 중심이 아니다.

하나님의 선하심을 경험하기를 바란다면 먼저 그 선하심을 거부하지 않는 법을 배워야 한다. 때때로 이 풍성함과 은총이 아리게 느껴진다. 은총이 나를 겹겹이 둘러싸서 오히려 불안했던 때도 있었다. 실로 나를 낮추는 경험이었다. 이 모든 과정을 통해 내가 끊임없이 하나님의 선하심 가운데 머물 책임이 있다는 사실을 깨닫는다. 내가 감당할 수 없다고 해서 그 선하심에서 벗어나서는 안 된다. 때문에 바울은 말했다: "다른 어떤 가르침도 내가 너희에게 가르친 이 은총과 은혜를 빼앗지 못하게 하라." 인간은 본성상 하나님의 선하심을 더 얻기 위해 '회개' 하려 든다. 만약 그렇게 된다면 은혜는 우리의 능력에 따라 주어지게 될 테고, 그렇다면 우리는 각자의 능력을 자랑하며 뽐내기 대회를 할 것이다.

인간으로서 불가능한 일을 하고자 한다면 이 사실을 잘 기억해야 한다. 하지만 하나님의 선하심이 우리의 행위에 달렸다는 거짓 가운데 살게 된다면 결국 우리는 가능한 일밖에 못한다. 은혜를 끌어안을 때 우리는 모든 논리와 이성, 물리학의 영역과 현실의 지표를 거스르고 인간에게 불가능한 일을 할 수 있다.

바울은 이 은혜의 복음에 관해 그가 어떤 계시를 따라 살았는지를 서신서의 몇 구절을 통해 엿보게 해 준다. 그 구절은 '천박한 초등학문'(갈 4:9, 골 2:8 참고)이다. 바울은 우리가 종교와 세상 제도의 지배를 받아서는 안 된다고 강력히 주장한다.

예수님이 물 위를 걸으셨을 때 놀라운 일이 일어났다(마 14:25 참고). 이는 예수님이 놀라운 일을 행하신 사건이자, 우리가 어디까지 나아갈 수 있는지를 보여 주신 사건이다. 예수님은 우주의 자연 법칙을 거스를 수 있게 해 주는 권세의 영역이 있음을 보여 주셨다. 예수님은 인간 사유의 논리와 이성을 거스르셨을 뿐 아니라, 이 세상의 '초등학문'이 하나님 나라의 권세보다 열등한 존재로 마땅히 인식되는 영역에서 우리가 살 수 있음을 보여 주셨다.

나는 믿는 자들의 몸이 권세의 영역으로 역동적으로 퍼져 나가 하나님 나라의 궁정을 당혹케 하는 날이 오고 있다고 확신한다. "그보다 큰 일도 하리니"(요 14:12)라는 예수님 말씀의 의미를 생각해 본다. 예수님이 이 땅에서 행하신 일을 떠올려 보면 실로 놀라운 말씀이다. 이제 은혜 가운데 우리의 자리를 받아들이자!

미주 | ENDNOTES

1. Francis Frangipane, *The Three Battlegrounds*(Cedar Rapids, IA: Arrow Publications, 1989), 39. 「영적 전투의 세 영역 - 마음, 교회, 하늘의 처소」(순전한 나드 역간).

MOMENTUM
MOMENTUM
MOMENTUM
MOMENTUM
MOMENTUM
MOMENTUM

CHAPTER 6

기적을 유산으로 물려받다

•

빌 존슨

이 장은 저자의 책 『기적의 삶에 다가가라』(서로사랑 역간)에서 옮긴
것이다. 내용상 중첩되는 부분이 있지만 이 책에 꼭 포함시킬 필요가
있다고 생각했다.

우리는 그리스도 안에서 영적인 복을 모두 상속받았다. 예
수님은 우리가 유산을 '지출하는 능력'을 발견하기를 원
하신다!

하나님은 우리가 점령한 초자연적인 영역, 우리가 하나님의 권위를 끊임없이 나타내는 삶의 영역을 다음 세대에 전해 줌으로써 더욱 확장하고 강화하기를 바라신다. 유산은 성경적 개념이다. 잠언은 "집과 재물은 조상에게서 상속하거니와"(잠 19:14)라고 기록한다. 신명기 29장 29절은 이렇게 밝힌다.

"감추어진 일은 우리 하나님 여호와께 속하였거니와 나타난
일은 영원히 우리와 우리 자손에게 속하였나니 이는 우리에
게 이 율법의 모든 말씀을 행하게 하심이니라"

물질적 유산의 목적은 무엇인가? 자녀들이 부모가 출발했던 지점에서 다시 시작하지 않도록 돕는 것이다. 집을 사기 위해, 창업을 하기 위해 10년간 저축을 할 필요가 없도록 해 주기 위해서다. 자녀에게 상당한 유산을 남길 정도로 복을 받은 사람들은 자녀들이 사

는 동안 더 멀리, 더 빨리 가기를 바라며 자녀에게 유산을 남긴다. 모든 사람이 동일 선상에서 시작하고 동일한 역경을 지나야 하는 것은 아니다. 한 세대가 다음 세대에게 힘을 실어 주는 것은 성경적이다.

영적 유산도 같은 방식으로 작용한다. 다음 세대가 이전 세대보다 더 나은 자리에서 시작하도록 돕는다. 주님은 우리가 신앙생활에서 정말 중요하지만 종종 쉽사리 간과하게 되는 이 원칙에 눈뜨기를 바라신다. 주님은 한 세대가 다음 세대에게 영적 유산을 전해 주기를 바라신다. 유산이란 다른 사람이 대가를 치러 얻은 것을 우리가 거저 받는 것이다. 이전 세대가 거친 과정을 거치지 않도록 주님의 은혜를 물려받기도 한다. 이 시대의 DIY(do-it-yourself) 정신과는 사뭇 다르지만, 하나님은 그렇게 일하신다. 한 사람이 다른 사람들에게 손을 얹고 삶과 사역에 대한 은혜를 나누는 그림을 그려 보면 된다. 기도를 받는 사람들은 그 은혜를 거저 받는다. 하나님 나라는 이렇게 움직인다. 치유의 기름부음이 강한 사람을 만나서 나를 위해 기도해 달라고 청하고 기도를 받으면 그때부터는 우리도 다른 이들을 위해 기도하게 된다. 이전에 보지 못했던 일들이 벌어진다. 이것이 유산이다.

영적 유산은 우리가 왕이신 하나님과 그분의 나라를 더 효과적이고 효율적으로 대표하게 해 준다. 하지만 우리의 만족을 위해서가 아니다. 물론 그 일이 기쁘고 즐겁고 행복하고 힘이 나지만, 그렇다 해도 개인의 만족을 위해서가 아니다. 문을 열어 왕이신 하나님과 그분의 나라가 더 많은 곳에 영향을 끼치도록 하기 위해서다.

영적 유산은 한 가지 점에서 확연하게 물질적 유산과 다르다. 물질적 유산은 우리가 이전에 갖지 못했던 것을 우리에게 준다. 하지만 영적 유산은 커튼을 걷고 우리에게 이미 소유 허가가 내려진 것을 드러낸다. 때문에 성경은 기록한다: "나타난 일은 영원히 우리와 우리 자손에게 속하였나니" (신 29:29).

이미 저편에 있는 존재를 인식하기만 하면 된다. 영적 유산을 받는 것은 오래전 누군가 내 계좌에 1천만 달러를 넣어 뒀다는 사실을 알게 되는 것과 같다. 내내 그 돈이 내 계좌에 있었지만, 그 돈이 계좌에 있다는 사실과 그 돈이 내 돈이라는 사실을 알게 될 때 비로소 그 돈을 쓸 자유가 생긴다. 바울도 동일한 메시지를 전하고자 했다.

> "그런즉 누구든지 사람을 자랑하지 말라 만물이 다 너희 것임이라 바울이나 아볼로나 게바나 세계나 생명이나 사망이나 지금 것이나 장래 것이나 다 너희의 것이요 너희는 그리스도의 것이요 그리스도는 하나님의 것이니라" (고전 3:21~23).

> "자기 아들을 아끼지 아니하시고 우리 모든 사람을 위하여 내주신 이가 어찌 그 아들과 함께 모든 것을 우리에게 주시지 아니하겠느냐" (롬 8:32).

"기록된 바 하나님이 자기를 사랑하는 자들을 위하여 예비하신 모든 것은 눈으로 보지 못하고 귀로 듣지 못하고 사람의 마음으로 생각하지도 못하였다 함과 같으니라 오직 하나님이 성령으로 이것을 우리에게 보이셨으니 성령은 모든 것 곧 하나님의 깊은 것까지도 통달하시느니라 … 우리가 세상의 영을 받지 아니하고 오직 하나님으로부터 온 영을 받았으니 이는 우리로 하여금 하나님께서 우리에게 은혜로 주신 것들을 알게 하려 하심이라" (고전 2:9~10, 12).

우리의 유산을 깨닫게 되면 불현듯 하나님과 함께 '지출하는 능력'이 생긴다. 이전에 알지 못했던 재원을 요청하게 된다. 한 세대가 다음 세대로 영적 유산을 전해 줄 때 특정한 영적 영역에 대해 축적한 지식과 경험도 모두 전달된다.

시대의 비극

하지만 2천여 년의 부흥 역사에서 다음 세대에 성공적으로 부흥을 전해 준 세대는 없었다. 성령의 강력한 부으심의 모멘텀을 잇고 다음 단계로 끌어올리도록 다음 세대를 세운 세대도 없었다. 거듭해서 바통이 땅에 떨어졌다. 한 세대가 점령했던 영적 영토가 다음 세대에는 원수에게 넘어간다. 얼마 후 또 다른 세대가 일어나 불만을 느끼고 부흥의 우물을 다시 파기 시작한다. 하지만 이들은 과거 세대와 똑같은 지점에서 시작한다. 우물은 흙으로 메워졌다. 흙으로 빚어진 인류에 대한 상징이다. 세대를 거듭할 때마다 후퇴한다. 바통을 건네야 할 시점에 다시 출발선에 선다.

지난 2천 년의 역사는 부흥이 찾아와 2, 3, 4년 머물다가 사그라지는 패턴을 보여 준다. 이 패턴 때문에 부흥은 교회에 영양제 같은 역할을 하기 위해, 새로운 열정과 새로운 주림과 새로운 에너지를 주기 위해 주기적으로 찾아오는 법이라는 주장을 펼치는 신학 학파도 생겼다. 하지만 부흥이 예외적이며 급유를 위해 잠시 머무는 주유소 같은 존재라고 주장하면 정상적인 기독교를 아주 낮은 수준으로 정의하게 된다. 나는 부흥이 예외가 아니라고 말하고 싶다. 부흥이 정상적인 상태다. 아침에 일어나 숨을 쉬는 것이 우리에게 지극히 정상인 것처럼, 기사와 이적과 표적은 복음에 지극히 정상적이다. 부흥은 곧 신앙생활이다. 그 둘은 불가분이다. 하나님의 성령이 부어지시는 가운데 우리가 상시 살아가는 것이 하나님의 뜻이다. 하나님은 언제나 우리를 "영광에서 영광에"(고후 3:18 참고) 이르게 하신다. 하나님은 결코 퇴보하지 않으신다. 하나님 나라의 본질을 성경은 "그 정사와 평강의 더함이 무궁하며"(사 9:7)라고 정의한다.

역사의 비극은 부흥이 찾아왔다가 떠나가고, 다음 세대가 이전 세대의 업적을 기념하며 기념비를 세우되, 자신들이 물려받은 영적 영토를 온전히 받아 점령하지 못한다는 데 있다. 선조들이 치렀던 대가를 치르려 하지 않기 때문일 수도 있고, 부흥을 실천하지는 않으면서 부흥의 사상만 지키고 수호하려 과거 운동을 기리는 조직을 만드는 데 그치기 때문일 수도 있다. 어떤 경우든 거저 영토를 받지만 그 영토를 발전시키기 위한 대가는 치르지 않는다. 그 결과 그 영토를 상실한다. 한동안은 물려받은 영토를 확장하지 않고 그 영토 안에 머물 수 있다. 하지만 그 영토를 계속 지키고 싶다면 확장해야 한다. 확장하려면 대가를 치러야 한다. 무언가를 잃는 가장 빠른 방법은 그것을 증대시키기 위해 노력하는 대신 현 상태를 유지하기 위해 방어 태세를 취하는 것이다. 받은 달란트를 사용하지 않고 땅에 묻어 둔 사람을 하나님이 책망하시는 달란트의 비유에(마 25:14~29) 이 진리가 잘 나타난다. 확장하고 증대시키지 않겠다는 선택은 곧 지키려 하는 대상을 잃어버리겠다는 선택이다.

이 원칙은 누가복음 11장 24절부터 26절에 기록된 예수님 말씀에서도 생생하게 드러난다.

> "더러운 귀신이 사람에게서 나갔을 때에 물 없는 곳으로 다니며 쉬기를 구하되 얻지 못하고 이에 이르되 내가 나온 내 집으로 돌아가리라 하고 가서 보니 그 집이 청소되고 수리되었거늘 이에 가서 저보다 더 악한 귀신 일곱을 데리고 들어가서 거하니 그 사람의 나중 형편이 전보다 더 심하게 되느니라"

사람이 자유를 얻은 후 모든 더러움에서 벗어나 온전히 정결한 순간이 있다. 그 순간부터는 그 자유를 지키는 것이 그의 책임이다. 예수님은 집을 비유로 들어 말씀하셨다. 집이 청소되고 수리됐다. 가구도, 점거인도 없다. 새 단장된 아름다운 집이다. 이제는 주인이 집을 관리하고, 가구를 들이고, 그 집에 살며, 그 집을 차지해야 한다. 받은 유산을 점령하지 못하는 것이 우리의 가장 큰 문제다.

역사를 돌이켜보면 새로운 영적 영토를 차지한 몇몇 사람이 있다. 스미스 위글스워스, 에이미 셈플 맥퍼슨(Aimee Semple McPherson), A. B. 심슨(A. B. Simpson) 같은 믿음의 거인들이다. 이들이 거인으로 태어난 것은 아니다. 하지만 이들은 모든 논리와 이성이 아니라고 아우성을 칠 때조차도 그 누구도 점령하지 못했던 새 영토를 점령하겠다는 열정에 사로잡혔다. 미지의 땅에 들어가기 위해 정글의 잡초를 잘라내며 걷는 사파리 여행자들 같았다. 이들은 성경의 기준과 삶에서 경험하는 기준이 다른 데 진력을 냈다. 그 불만을 원동력으로 삼아 난폭한 짐승들이 거하는 위험천만한 땅으로 들어갔다 (출 23:29 참고). 그렇게 그들은 사도 시대 이래로 그 누구도 점령하지 못했던 땅을 취해 나가기 시작했다. 어마어마한 개인적 위험과 희생을 감내했고, 당시 교회가 전혀 알지 못했던 영역으로 들어갔다.

하지만 이전 세대가 얻은 것을 다음 세대는 점령하지도, 확장하지도 못했다. 집을 깨끗하게 청소하고 수리했지만 그 집에 들어가 거주하며 점령하지 못했고, 그 결과 일곱 배나 악한 원수가 다시 돌아왔다. 성경에서 '집'(house)이라는 단어는 개인, 가정, 지역 교회,

교파, 나아가 사역, 은사, 부르심을 의미한다. 하지만 미개척지를 차지했던 미국의 제도와 기관들이 다시 원수에게 점령당했다. 예를 들어 보겠다. 이곳은 과거 위대한 부흥의 중심지로 불렸다. 한동안 미국의 구심점으로 여겨질 정도였다. 하나님이 이 땅에서 행하고자 하시는 일을 보고 싶으면 그곳을 보면 됐다. 바로 예일대학이다. 예일대학의 설립 목표는 똑똑한 그리스도인 양성이 아닌 성령의 부흥운동가 양성이었다. 미개척지를 점령하기 위해 예일대학은 기꺼이 대가를 치렀다. 하지만 오늘날 예일대학은 부흥 운동가를 배출하기는커녕 반기독교 세속주의자들을 키워 낸다. 부흥의 중심지가 어떻게 세속의 견고한 진이 됐을까? 한 세대, 한 세대 지나면서 조금씩 유산을 적극적으로 끌어안는 대신 영토를 내어 줬기 때문이다. 우리가 유산을 받아 지켜내지 못할 때, 새 영토로 더 이상 들어가지 않을 때, 영광에서 영광으로 나아가지 못할 때 타협이 시작된다. 핵심 영역을 타협하기 시작하자 원수가 힘을 얻었다. 한때 선조들이 점령한 땅을 원수가 차지했고, 과거의 강점이 최대 약점이 되고 말았다.

교회나 가정의 선조들이 놀라운 기사와 이적과 치유의 영역까지 영토를 확장했다 하더라도 후대가 선조의 기준을 지키고 확장하기 위해 노력하지 않으면 후손은 병들고 고통 받게 된다. 이전 세대의 승리를 다음 세대가 취하고 점령하지 않으면, 그 승리가 오히려 원수가 이전 세대의 승리를 조롱하는 발판이 되고 만다. 심지어 원수는 미개척지를 하나님의 백성이 유산으로 받은 승리의 기억을 지우는 공격 진지로 삼는다. 하나님이 정하신 기준으로부터의 후퇴는 삼키는 자에게 파괴를 청하는 초청이다. 존 G. 레이크스(John G. Lakes), 스미스 위글스워스, 에이미 셈플 맥퍼슨의 업적을 밑거름으로 삼는 대신, 우리는 그들의 추억을 되새기며 기념비를 세우고는 무엇을 유산으로 받아야 하는지 잊는다. 그들이 살았던 건물을 기념하고, 그들의 위대한 업적에 대해 이야기한다. 그 사이 그들이 점령했던 땅은 원수의 손에 넘어간다. 그러면 우리와 같은 세대가 그 상황에 다시 한 번 불만을 느끼고 실제 삶의 방식이 성경적 기준에 미치지 못함을 답답해한다. 그리고 다시 한 번 우물을 판다. 창조주와 인간사에 대한 하나님의 친밀하고 인격적인 참여와 개입을 부인하는 인본주의적이고 합리주의적인 접근 방식을 제거한다. 생명과 기쁨의 샘으로 돌아간다.

수백 년 전 존 웨슬리(John Wesley)라는 위대한 부흥 운동가가 새로운 영적 영토를 점령하기 시작했다. 그 전에 그는 목사가 되기 위해 미국에 갔다. 하지만 별반 성공을 거두지 못하고 영국으로 돌아가야 했다. 영국으로 돌아가는 배에 오를 때 그의 마음은 우울하기 짝이 없었다. 항해 도중 그가 탄 배가 끔찍한 폭풍을 만났다. 웨슬리는 이대로 죽지나 않을까 두려웠다. 하지만 그때 모라비아 교도들을 만났다. 급진적 신앙의 소유자인 이들을 보며 웨슬리는 깨달았다: '이 사람들과 내가 아는 예수가 다르구나.' 웨슬리는 이미 목사가 된 후였지만, 모라비아 교도들에게 임하신 하나님의 임재와 능력을 보고서야 진정으로 거듭났다.

웨슬리는 영국으로 돌아가 부흥 운동가들과 불을 뿜어내는 신앙인들의 무리인 감리교 운동의 아버지가 됐다. 수천, 수만의 사람들이 웨슬리의 설교를 듣기 위해 벌판에 모였다. 야외 집회는 당시 통념에 완전히 어긋났지만, 웨슬리와 조지 휘트필드(George Whitfield)는 당시의 모든 규범을 깼다. 사람들이 웨슬리를 보기 위해 나무에 오르면 웨슬리는 그들에게 "나무에 올라가지 마십시오"라고 경고했다. 하나님의 능력이 임해서 땅에 떨어질 수도 있기 때문이다. 하나님이 집회장에 휘몰아치듯 임하셨다. 감리교도들의 구호는 "마귀를 물리치기 위해 전열을 갖추자"였다. 사람들은 이들을 '감리교도'(Method-ists), 즉 방법(Method)에 따라 살아가는 자라고 불렀다. 하나님이 그들 가운데 중대한 일을 행하시도록 경계를 세우기 위해 구조를 만들었기 때문이다. 이들의 제자훈련 과정은 가히 전설적이다. 리더가 리더들을 세우고, 그 리더들이 다시 다른 리더들을 세우는 과정을 통해 10만 명을 양육했다. 참으로 놀라운 이야기다.

하지만 얼마 전 바로 그곳에서 레즈비언 사역자가 안수를 받았다. 오해하지 말기를 바란다. 예수님은 레즈비언을 사랑하신다. 하지만 예수님은 그들이 그 같은 삶의 방식에서 벗어나게 하고자 하신다. 우리는 존 웨슬리와 찰스 웨슬리, 존의 아내와 리더들, 많은 잊힌 부흥 설교자들이 점령한 영토를 잃어버리고 말았다. 위험을 무릅쓰는 삶의 방식을 통해 이들은 미개척지로 들어가 말을 타고 마을을 찾아다니며 복음을 선포했다. 웨슬리가 말뚝을 박고 그 땅을 다음 세대에 전해 줬다. 다음 세대는 웨슬리의 업적을 기리며 기념비를 세우면서 복음을 좀 더 듣기 좋게, 이해하기 쉽게 만들려다 웨슬리가 점령했던 땅에서 후퇴하고 말았다. 굳이 모든 핍박을 다 받아 가면서 안 좋은 소리까지 자청해서 들을 필요는 없지 않은가. 후퇴할 때 의도는 합리적이고 좋았는지 모른다. 하지만 영토를 비워 둔 채 후퇴했고, 이들의 최대 강점이던 구속으로부터의 자유와 축사가 이들의 최대 약점이 됐다.

이 외에도 역사에 수많은 예가 있다. 하지만 요지는 단순하다. 모든 부흥 운동가들에게는 성령의 역사에 있어 아버지 세대가 없었다. 모든 세대가 성령님의 임재를 어떻게 인식하고, 어떻게 그분과 함께 일하고, 어떻게 대가를 치르는지 처음부터 배워야 했다. 이 비극에 대한 답은 유산이다. 우리가 거저 받을 수 있는 자리, 바로 유산이다. 우리가 유산을 어떻게 하느냐가 다음 세대에 무슨 일이 일어나는지를 결정한다. 하나님은 영광스런 교회에 다시 오시기를 바라신다. 모든 민족과 방언이 형식적으로 하나님을 섬기는 것이 아니라 온 나라가, 온 민족이 하나님께 온전히 사로잡혀 그분을 진정으로 섬기기를 바라신다.

온 열방이 하나님이 주시는 은사를 온전히 취하게 될 때 무슨 일이 일어날까? 백성이 찬양의 노래와 하나님과 그의 위대하심과 선하심을 선포하는 소리를 크게 발하게 될 때 무슨 일이 일어날까? 하나님은 이런 모습을 보고 싶어 하신다. 하지만 그렇게 되기 위해서는 먼저 우리의 영적 유산을 이해하고 전폭적으로 받아들여야 한다. 하나님은 두세 세대마다 다시 원점에서 시작하기를 바라지 않으신다. 하나님은 각 세대를 이전 세대보다 높은 곳으로 올리기를 원하신다. 모든 세대의 최고점이 다음 세대의 출발점이 되어야 한다. 이전 세대의 성취를 지키고 확장하지 못한다면 그들과 그들이 돌파구를 찾기 위해 치른 대가에 대한 모독이다. 믿음의 선조들이 어마어마한 위험을 감수하고 조롱과 거절을 견뎌내며 이룬 성취다. 우리가 지금 당연시하는 것을 위해 이전 세대는 엄청난 대가를 치렀다.

자연의 질서를 거부하며…

유산은 진리 위에 진리를 세우게 해 준다. 각 세대마다 처음부터 다시 시작하는 대신 진리를 유산으로 받아 새로운 영역으로 나아갈 수 있다. 예를 들어, 우리가 그리스도께 나아오면 우리는 지존자 하나님의 '종'이 된다. 종 됨은 하나님과 우리 관계의 강력한 실체다. 하지만 더 높은 진리가 있다. 바로 우정이다. 우정이 종 됨보다 더 크다. 둘 다 진리이지만, 우리는 친구가 되기 위해 종의 자리를 떠나지 않고 종 됨의 경험과 계시 위에 우정을 쌓는다.

이렇게 우리는 하나의 수칙 위에 또 하나의 수칙을 세워 가며 새 영토로 진입한다. 진리는 진보적이며 다차원적이다. 결코 그 기초와 모순되는 방향으로 나아가지 않지만, 우리가 성장함에 따라 끊임없이 진화한다. 기름부음의 일정 수준과 분량에 도달하면 성경의 실체가 우리를 변화시킨다. 사실 한 세대가 지금 형성되는 중이다. 이 세대가 사도들을 포함해 인류가 일찍이 알지 못했던 기름부음 가운데 행하기를 믿고 기도한다. 이 세대는 영적 임무를 이해하기 위해 자연의 예시가 필요치 않다. 자연의 질서를 거스르는 영적 영역으로 진입할 세대다. 앞서 하나님이 우리에게 이 땅의 무엇과도 견줄 수 없는 하늘의 계시와 경험을 주고자 하신다고 밝혔다. 예수님은 니고데모에게 말씀하셨다: "내가 땅의 일을 말하여도 너희가 믿지 아니하거든 하물며 하늘의 일을 말하면 어떻게 믿겠느냐"(요 3:12).

예수님은 신앙생활을 설명하기 위해 두 가지 자연의 비유를 드셨다. 출산과 바람이다. 그리고 땅의 일과 비교할 수 없는 영적 실체가 더 있다고 말씀하셨다. 하늘의 영역을 잇는 자인 우리에게 이는 매우 중요하다. 우리는 하나님의 이름을 대변하고, 예수님이 행하신 일을 하며, 이 땅의 통치권을 받은 대사로 이 땅을 살아간다. 우리가 어떤 비유로도 설명할 수 없는 영적 세계를 이해하고 그 가운데 행하지 못한다면 무슨 유익이 있겠는가? 하지만 유산을 이해하고 받아들이는 세대가 일어나면 그 세대는 예수님이 말씀하신 자연의 질서를 거스르는 시기에 진입하게 된다. 자세히 설명해 보겠다.

성령의 일을 행할 때 우리가 지키고 우리 삶에 영향을 미치는 자연의 법칙들이 있다. 우리는 자연계의 그림을 통해 영적인 세계를 이해한다. 밭을 갈고 씨를 뿌리기에 적합하도록 땅을 갈아엎고, 파종하고, 물을 주고, 돌보고, 추수하는 과정을 우리가 익히 알기 때문에 우리는 전도를 추수에 비유한다. 이것이 자연의 법칙이다. 하지만 예수님은 우리가 자연계의 그림으로는 설명되지 않는 영적 실체를 이해하기를 바라신다. "너희 눈을 들어 밭을 보라 희어져 추수하게 되었도다"(요 4:35). 이 말씀에서 드러나듯이 예수님은 자연을 거스르는 계시를 주셨다.

자연의 질서에 얽매이지 않는 더 높은 계시로 매일 추수한다는 말씀이다. 추수할 때를 기다릴 필요가 없다. 우리의 기름부음이 요한복음 4장 35절에 기록된 예수님의 계시와 같은 수준이 됐을 때, 씨를 뿌리거나 준비하거나 밭을 갈지 않았는데도 주님께 절대 나아오지 않을 것 같은 사람들이 즉각적으로 주님께 돌아온다. 다가올 세대에 임할 기름부음은 자연의 질서가 더 이상 적용되지 않을 만큼 클 것이다. 낮은 수준의 계시와 기름부음으로는 영적인 결과를 얻기 위해 자연의 법칙과 제약에 구속 받으며 일해야 한다. 하지만 예수님은 놀랍다 못해 두려운 계시를 주셨다. "눈을 들어"라는 예수님의 말씀은 이런 뜻이다: "지금 네가 환경을 보는 방식으로는 내가 네게 주고자 하는 계시 가운데 행할 수 없다. 하지만 다가올 세대에는 기름부음이 넘쳐서 모든 사람이 추수할 준비를 갖출 것이다."

예수님이 그런 기름부음 가운데 행하셨다. 영적 진리를 설명하는 자연의 법칙을 즉각적으로 거스르는, 측량할 수 없을 만큼 넘치도록 성령님의 임재를 누리며 사셨다. 우리가 하나님의 영적 능력을 더 받고 그분의 인도하심을 더 많이 받을수록, 우리 삶은 영적 실체를 설명하는 자연의 법칙을 더 많이 거슬러야 마땅하다. 추수의 원칙이 더 이상 진리가 아니라는 뜻이 아니다. 추수의 진리는 지금도 변함이 없다. 하지만 더 높은 진리가 그 진리를 대체한다. 과거 몇 년, 몇 개월이 걸렸던 문제가 이제는 몇 주, 며칠 만에 해결된다.

마가복음 5장에 나오는 거라사 지방의 귀신 들린 자를 생각해 보라. 오늘날의 교회는 예수님과는 사뭇 다른 방식으로 그를 고치려 들 것이다. 그리스도인들이 정신이 이상한 사람들을 위해 기도하기 시작한 지 사실 그리 오래되지 않았다. 과거에는 그런 사람들을 보호시설이나 의사에게 보내어 치료를 받도록 했다. 이제는 적어도 그런 사람들을 위해 기도할 용기를 내고 있으며, 실제로 돌파구를 목도하고 있다. 다중인격 장애나 사탄 숭배의 결과로 고통 받는 이들이 기도로 고침을 받고 있다. 우리의 믿음이 미치지 않는다고 생각했던 영역이 이제는 우리의 기름부음으로 우리에게 열리고 있다.

하지만 우리가 예수님이 행하신 대로 행할지 여전히 의구심이 남는다. 예수님은 그 사람을 구원하신 직후 바로 사역 현장으로 내

보내셨다! 우리라면 그 지역의 복음화를 총괄하는 자리에 그 사람을 앉히기 전에 먼저 장기간 치유와 축사의 과정을 거쳐야 한다고 고집하지 않을까? 지금 우리의 평균적인 기름부음으로는 그에게 달라붙은 귀신을 확실하게 떼어내기 위해 몇 달간 상담도 하고 훈련도 시켜야 할 것이다. 하지만 기름부음이 증가하면서 자연의 법칙도 점점 더 거스르게 된다. 익숙했던 믿음의 경계선과 한계를 훌쩍 뛰어넘을 때 기름부음이 증가하고 있음을 알게 된다.

또 다른 예는 예수님이 무화과나무를 저주하신 사건이다. 예수님이 무화과나무를 보시고 가까이 가셨는데 열매가 없었다. 사실 그때는 열매가 맺힐 시기가 아니었다(막 11:12~24 참고). 그런데도 예수님은 그 나무를 저주하셨다. 왜일까? 예수님께는 불가능한 열매를 기대하실 권리가 있기 때문이다. 예수님은 우리에게도 맺기 불가능한 열매를 맺으라고 요구하신다. 앞에서도 밝혔지만 그리스도인이라면 불가능한 일을 기대하는 것이 지극히 정상이다. 오히려 불가능한 일을 바라지 않는 것이 비정상이다. 실망과 잘못된 가르침에서 비롯된 기형이다.

아모스 9장 13절의 약속을 기억하라.

"여호와의 말씀이니라 보라 날이 이를지라 그 때에 파종하는 자가 곡식 추수하는 자의 뒤를 이으며 포도를 밟는 자가 씨 뿌리는 자의 뒤를 이으며 산들은 단 포도주를 흘리며 작은 산들은 녹으리라"

원칙을 잘 보여 주는 말씀이다. 우리는 하나님의 관점에서 보기 위해 눈을 들어야 한다. 우리가 신령한 것을 사모하면(고전 14:1 참고) 더 큰 이상과 계시를 통해 더 큰 기름부음이 찾아온다.

눈을 충분히 높이 들었는지 어떻게 알까? 눈을 높이 들면 다르게 보인다. 모든 사람이 추수 준비를 갖춘 모습이 보인다. 어떻게 파종하는 자가 곡식 추수하는 자를 따라잡게 될까? 밭이 더 이상 파종하고 추수하는 자연의 법칙에 제약을 받지 않고 본질적으로 초자연적이 된다. 밭이 곡식을 키우며, 동시에 추수와 파종이 진행된다. 계절이 동시다발적으로 진행된다. 왜일까? 한 세대가 영적 유산을 끌어안고 새 영토에서 기름부음이 넘쳐나 교회가 수백, 수천 년간 살아온 자연의 경계를 거스르게 됐기 때문이다.

장군들의 뒤를 따라…

우리는 '성장 가속화' 계절의 시작 단계에 있다. 나는 하나님의 자비와 은혜로 이 영역에서 지난 수백 년간 계속된 실패를 만회할 수 있다고 믿는다. 우리 자신을 온전히 쏟아 놓고, 다가올 세대를 위한 초석을 놓고, 우리의 최고점을 그들의 출발점으로 삼게 하고, 그 위에 더 세워 나가도록 하고, 교회가 마땅히 가야 하는 곳으로 나아가고자 한다면 가능하다.

잠언 13장 22절은 "선인은 그 산업을 자자 손손에게 끼쳐도"라고 기록한다. 의(義)는 우리가 매일 내리는 결정이 이후 몇 대까지 영향을 끼친다는 사실을 깨닫게 해 준다. 우리는 우리가 보지 못할 먼 후대의 안녕을 위해 씨 뿌리는 법을 배워야 한다.

하나님의 군대의 위대한 장군이었던 우리 아버지가 생각난다. 나와 우리 교회는 내가 꿈도 꾸지 못했던 일들을 지금 경험하고 있다. 그 경험의 상당한 부분은 우리 아버지가 치르신 대가 덕분이다. 청년 시절 내가 본 아버지의 모습은 수많은 비난과 거절을 견뎌 내며 전진하는 선구자였다. 아버지는 사람의 견해나 지지보다 하나님의 임재를 귀히 여기는 삶의 귀감이 되어 주셨다. 그로 인해 혹독한 대가를 치르셨지만, 아버지는 우리 가정과 이 지역 교회에 풍성한 유산을 물려주셨다.

아버지 생의 마지막 5일간 스무 명이 넘는 가족들이 하나님을 찬양하고 섬기며 아버지와 함께했다. 아버지가 우리를 그렇게 가르치셨기 때문이다. 아버지는 어떤 상황에서도 하나님께 영광을 돌리라고 가르치셨다. 하나님의 크신 이름을 송축하고 하나님을 기뻐하는 것이 가장 큰 영예라고 가르치셨다. 그리고 아버지의 삶을 통해 그 가르침을 보여 주셨다. 그래서 우리는 돌아가며 아버지와 하나님을 찬양하고, 하나님께 영광을 돌리고, 기도하고, 간증과 가족의 추억을 나누며 함께 시간을 보냈다. 한 시간도 쉬지 않았다. 그리고 아버지가 돌아가셨다. 우리는 울었다. 가족을 잃었기에 슬퍼했다. 하지만 동시에 아버지가 받은 상급 때문에 행복했다.

그 자리에 모인 가족에게 나는 이야기했다: "아버지가 남기신 유산을 그대로 방치해서는 안 됩니다. 온 가족이 그 유산을 끌어안아야 합니다. 아버지의 성취를 방어하고 보호하는 데 급급하지 말고, 아버지의 최고점을 출발점으로 삼아 아버지의 희생으로 우리에게 열린 통치의 영역에서 살아가야 할 책임이 우리에게 있습니다." 아버지의 시신을 옮기기 전에 온 가족이 아버지의 침상에 둘러섰다. 그리고 함께 기도했다: "주님 이 분이 대가를 치렀기에 이 가정에 임한 은혜의 유산을 우리가 받습니다."

당신이 가정에서 처음 예수님을 영접했든 몇 대에 걸쳐 교회를 다녔든 중요치 않다. 계시를 통해 상상도 못할 유산에 당신도 나아갈 수 있다. 우리에게 그 영토를 주기 위해 어마어마한 대가를 치른 앞 세대에 우리는 큰 빛을 졌다. 우리 부모님, 조부모님, 고조부모님께 우리는 큰 빛이 있다. 그리고 우리 자녀들, 손자손녀들에게 빛이 있다. 예수님이 다시 오시기 전 구속 받은 자들의 공동체가 '하나님이 계획하시고 지으실 터가 있는 성' (히 11:10 참고), 그 유산의 영향력 가운데 행하는 날이 온다.

온전한 복음의 점진적인 계시 가운데 들어가는 세대가 온다. 눈을 들어 모든 사람이 추수 준비를 마친 초자연적인 계절을 보고 추수를 위한 기름부음을 받은 세대가 온다. 그날이 내가 살아 있는 동안 오기를, 그래서 내가 그 일에 내 생명을 드릴 수 있기를 부르짖어 기도한다. 나는 내가 양육하는 아이들과 청년들에게 이렇게 말해 왔다: "우리가 그 지점까지 가지 못한다 하더라도 낙심하지 맙시다. 사람의 견해가 아니라 하나님의 임재를 귀히 여기는 마음을 따라가야 합니다. 하나님을 위해 영토를 차지하는 과정에서 치른 대가는 그 무엇이든 결코 헛되지 않습니다."

MOMENTUM
MOMENTUM
MOMENTUM
MOMENTUM
MOMENTUM
MOMENTUM

CHAPTER 7

가족에 접붙여지다

이 장에서는 가족의 유산과 영적 유산이라는 두 가지 주제를 살펴보고자 한다. 이 두 가지 주제는 우리의 궁극적인 지향점과 관계가 있고 매우 중요하기 때문에 잘 이해해야 한다. 구약은 가계에서 오는 유산을 매우 강조한다. 그런데 신약에 이르러 변화가 일어난다. 어느 혈통이든 하나님을 믿으면 하나님의 가족에 접붙임이 된다.

"찬송하리로다 하나님 곧 우리 주 예수 그리스도의 아버지께서 그리스도 안에서 하늘에 속한 모든 신령한 복을 우리에게 주시되 곧 창세 전에 그리스도 안에서 우리를 택하사 우리로 사랑 안에서 그 앞에 거룩하고 흠이 없게 하시려고 그 기쁘신 뜻대로 우리를 예정하사 예수 그리스도로 말미암아 자기의 아들들이 되게 하셨으니 이는 그가 사랑하시는 자 안에서 우리에게 거저 주시는 바 그의 은혜의 영광을 찬송하게 하려는 것이라 우리는 그리스도 안에서 그의 은혜의 풍성함을 따라 그의 피로 말미암아 속량 곧 죄 사함을 받았느니라

이는 그가 모든 지혜와 총명을 우리에게 넘치게 하사"(엡
1:3~8).

바울은 간단하게 설명한다. 우리는 아들과 딸로 입양됐고, 그 은
혜의 풍성함을 따라 모든 신령한 복으로 축복 받았다. 때문에 풍성
한 유산을 지닌 위대한 혈통에서 나지 않았더라도 우리는 온 세상
에서 가장 위대한 유산에 접붙임 됐다.

유산과 모멘텀을 주제로 강의를 하면 종종 이런 질문이 나온다:
"제게는 유산이 없습니다. 저희 집안은 자랑거리가 없습니다." 그
럴 때 나는 대개 이렇게 답한다: "잘됐네요!" 내 이런 반응에 상대
방은 경악한다. 잘됐다고 말하는 이유는, 육신적인 유산이 없는 사
람들은 역사를 바꿀 완벽한 기회가 있기 때문이다. 인생 최고의 기
회, 자신만의 유산을 쌓기 시작할 기회다. 솔직히 나한테는 그런 기
회가 절대 주어지지 않는다.

우리는 구속의 하나님을 섬긴다. 그분은 구속 받은 자들의 하나
님이시다. 하나님이 구속자 되신다는 사실이야말로 우리가 이 시대
에 반드시 이해해야 할 진리다. 유산과 유산을 빚어 가는 능력은 우
리 아버지가 구속을 사랑하신다는 사실에 모든 뿌리를 두고 있다.
예레미야 12장 15절은 기록한다.

"내가 그들을 뽑아 낸 후에 내가 돌이켜 그들을 불쌍히 여겨

서 각 사람을 그들의 기업으로, 각 사람을 그 땅으로 다시 인
도하리니"

얼마나 놀라운 말씀인가. 하나님이 우리를 뽑아내시고, 다시 우
리 유산과 땅에 들여놓으신다고 기록한다. 유산이랄 게 별로 없는
사람들도 있다. 그런 사람들에게 지금은 참 좋은 때다. 우리가 섬기
는 하나님은 우리를 다시 유산으로 들여놓으시는 구속의 하나님이
시다. 먼저 우리는 하나님의 가족에 접붙임 됐다는 사실을 인식해
야 한다. 그럴 때 모든 것이 바뀐다.

지난 해 벧엘 능력 사역 학교(Bethel School of Supernatural Ministry) 1, 2
학년 학생들 앞에서 친할머니를 인터뷰했다. 학생들이 현재 살아가
는 환경을 조성하는 데 도움이 된 역사와 유산을 할머니의 입을 통
해서 듣기 위해서다. 할머니는 학생 한 사람 한 사람에게 가족과 관
련된 성경 구절 목록이 적힌 종이를 나눠 주셨다. 종이에 적힌 성경
구절은 우리 가족이 전폭적으로 받아들여 우리 가정을 향해 선포해
온 성경의 약속이었다. 할머니는 종이를 나눠 주시면서 말씀하셨
다: "이제 이 말씀은 여러분과 여러분의 가족을 향한 약속이에요."
할머니는 학생들에게 그들의 것이 된 유산을 나눠 주셨다. 할머니
의 최고점이 학생들의 출발점이 됐다. 학생들이 자신이 무엇을 받
았는지 깨달으며 나타내는 다양한 반응을 보면서 참 즐거웠다.

아래 구절들은 우리 가족이 수 세대에 걸쳐 붙들고 우리 가정과

삶을 향해 선포한 약속들이다. 이 구절들을 취하고 당신과 당신의 가족을 향해 선포하라. 이 약속들을 당신의 토대로 삼으라.

"오직 나와 내 집은 여호와를 섬기겠노라" (수 24:15).

"여호와의 계획은 영원히 서고 그의 생각은 대대에 이르리로다" (시 33:11).

"주께서 행하신 일을 주의 종들에게 나타내시며 주의 영광을 그들의 자손에게 나타내소서" (시 90:16).

"여호와는 선하시니 그의 인자하심이 영원하고 그의 성실하심이 대대에 이르리로다" (시 100:5).

"보라 자식들은 여호와의 기업이요 태의 열매는 그의 상급이로다" (시 127:3).

"여호와를 경외하는 자에게는 견고한 의뢰가 있나니 그 자녀들에게 피난처가 있으리라" (잠 14:26).

"긍휼하심이 두려워하는 자에게 대대로 이르는도다" (눅 1:50).

"하나님이 말씀하시기를 말세에 내가 내 영을 모든 육체에 부어 주리니 너희의 자녀들은 예언할 것이요 너희의 젊은이들은 환상을 보고 너희의 늙은이들은 꿈을 꾸리라"(행 2:17).

"주 예수를 믿으라 그리하면 너와 네 집이 구원을 받으리라"
(행 16:31).

얼마 전 할머니가 성경 구절을 나눠 주셨을 때 수업을 들었던 우리 교회 자매가 나를 찾아와서 간증을 했다. 이 구절들을 자신을 향한 약속으로 받고 가족을 향해 선포한 후 딸이 그리스도인이 됐다고 했다. 자신이 하나님의 가족에 접붙임 됐다는 사실을 깨달으면서 자신의 유산을 쌓아 가기 시작한 자매의 이야기에 큰 용기를 얻었다. 이제 그 자매는 자신을 향한 하나님의 모든 예비하심 가운데 행할 수 있다.

히브리서 12장 1절은 이렇게 가르친다.

"이러므로 우리에게 구름 같이 둘러싼 허다한 증인들이 있으니 모든 무거운 것과 얽매이기 쉬운 죄를 벗어 버리고 인내로써 우리 앞에 당한 경주를 하며"

이 증인들은 하나님 나라의 목적을 위해 자신의 삶을 내려놓았다. 그리고 지금 후대들이 하나님 나라를 더욱 확장하는 모습을 지켜보고 있다. 이 허다한 증인들과 함께 하늘나라에 서는 날이 상상이 되는가? 믿음의 위인들이 큰 축제를 여는 모습이 떠오른다. 믿음의 위인들이 대가를 치러 이룬 성취를 토대로 후대들이 거듭거듭 하나님 나라를 확장하는 모습을 지켜본다. 얼마나 신날까!

나는 사람들에게 나의 유산을 이야기하곤 한다. 친가 쪽으로 나는 6대 전임 사역자다. 외가 쪽으로는 4대 그리스도인이다. 우리가 계속 믿음의 경주를 할 때 우리 선조들이 얼마나 큰 존귀와 복을 받을지 상상이 되는가? 그분들이 수 세대 전 내린 결정이 지금도 결실을 맺고 있다.

후대를 생각하며 결정을 내리는 것이 인생 최대의 투자다. 우리가 살아서 보지 못할 세대들을 위한 유산의 터를 닦기 위해서는 큰 그림을 보는 능력이 필요하다. 그런데 많은 이들에게 후대를 염두에 두는 삶 자체가 큰 도전이다.

살아서 보지 못할 세대들을 위해 분명한 목적을 설정하는 삶은 엄청난 기회이자 어마어마한 책임이다. 나는 세계 각지에서 풍성하신 하나님을 새로이 이해할 때 사람들이 자연스레 후대를 위해 살아가는 모습을 보았다. 결핍에 짓눌릴 때 사람들은 후대를 생각하며 사는 능력을 상실한다. 우리는 종종 신앙생활을 우리 삶에만 국한시킨다. 신앙생활을 나 자신에만 국한시키고 있다면 하나님 나라를 제대로 이해하고 있는지 점검해 봐야 한다.

정말 후대를 위해 사는지는 일상의 결정에서 쉽게 드러난다. 역사를 보면 한 세대에게는 너무나 힘겨웠던 일이 다음 세대에게는 아무런 대가도 요구하지 않는 경우가 허다하다. 유산을 쌓기 시작하면서 우리는 기초를 놓는 일에 우리 삶 전체를 들여야 할지도 모른다는 사실을 기꺼이 받아들여야 한다. 다음 세대가 그들을 위해 우리가 놓은 기초를 바탕으로 더 확장해 갈 것인지는 그들의 결정에 달렸다.

1990년대 중반 이후 우리는 캘리포니아 레딩의 벧엘 교회에서 하나님의 독특한 역사를 경험해 왔다. 하나님이 수많은 이들의 삶을 어루만지셨고, 치유와 기적의 진정한 돌파구도 나타났다. 하나님의 손길을 받고 새끼손가락 부상에서부터 말기 질환까지 수많은 질병에서 치유 받은 이들의 간증이 수북하게 쌓였다. 참으로 대단하고 즐거운 여정이었다.

그런데 지금 경험하고 있는 일들이 일어나기 50년 전 내려진 결정에 대해서는 아는 사람이 거의 없다. 우리 외조부모님인 진 할아버지와 넬 할머니는 벧엘 교회를 50년 넘게 섬겨 오셨다. 두 분은 이런 말씀을 자주 하신다: "우리가 지금 벧엘 교회에서 매일 보는 이런 일을 위해 50년 넘게 기도했단다." 벧엘 교회가 견뎌 온 혹독한 시절 이야기만큼이나 조부모님의 말씀이 놀랍고 기이하다. 교회를 떠날 기회도 많았지만 두 분은 열방이 나아오고 부흥이 찾아온다는 예언의 말씀과 하나님의 약속을 믿기로 결단했다. 그리고 열방이 나아와 하나님과 만나는 환경을 조성하는 데 보탬이 되도록 자신을 내어 드렸다.

우리 친조부모님인 얼 할아버지와 달린 할머니는 1970년대와 80년대 벧엘 교회 목사로 섬기셨다. 조부모님이 남기신 삶의 메시지 중 하나는 우리 삶의 최대 사역은 하나님 예배라는 것이다. 두 분은 예배와 사람을 향한 전염성 강한 사랑을 품고 사셨다. 예수 운동이 진행되면서 세계 각지에서 수많은 이들이 교회로 찾아왔다. 하지만 그들의 옷차림과 행동이 당시 교인들이 보기에 점잖지 못하다는 이유로 많은 교회가 그들을 받아들이지 못했다. 기존 교인들과 예수 운동 때문에 교회를 찾은 사람들 간에 긴장감이 돌았다. 우리 외조부모님과 친조부모님은 사람들의 조롱에도 흔들리지 않고 이들을 받아들이셨다.

얼마 전 달린 할머니께 지금 레딩에서 일어나는 일에 놀라지 않으셨느냐고 여쭤 봤다: "아니, 이런 일이 일어날 줄 알고 있었지. 내 말을 믿어 준 사람이 많지 않았지만 난 알았어." 뜻을 정하고 그 길에서 벗어나지 않겠다는 굳은 결의를 지켜 낸 아름다움의 본보기다. 할머니의 결정과 실천이 후대 사람들이 성령의 부어지심을 경험하는 토대가 됐다. 장차 일어날 일을 보면 현재의 대가 지불이 수월해진다. 신앙생활의 중심이 내가 아니라, 내가 사는 이때가 아니라, 영광에서 영광으로 옮겨 가는 것이라는 사실을 깨달을 때 장차 일어날 일을 위해 지금 기꺼이 대가를 지불하게 된다.

예수님은 그분 앞에 놓인 기쁨 때문에 십자가를 감당하셨다.

> "믿음의 주요 또 온전하게 하시는 이인 예수를 바라보자 그
> 는 그 앞에 있는 기쁨을 위하여 십자가를 참으사 부끄러움
> 을 개의치 아니하시더니 하나님 보좌 우편에 앉으셨느니라"
> (히 12:2).

예수님은 십자가에 달려 죽으시고 부활하시겠다는 그분의 결정
에 영향을 받게 될 수많은 세대들을 보셨다. 그들을 보셨기에 '대가
지불'을 하셨다. 대가를 지불해 무엇을 얻을 수 있는지 알지 못하면
대가 지불이 참 어렵다. 우리가 치른 대가는 대가 지불을 통해 얻게
될 것의 가치를 우리가 얼마나 명확하게 인식하고 있는지를 보여
준다.

이런 결정은 그 결정에 가장 큰 영향을 받은 이들을 통해 후대에
전해진다. 조부모님의 삶을 보고 그분들이 치른 대가를 알게 되면
서 내 생각이 바뀌었고, 결국 그 생각이 내가 삶을 살아가는 방식을
바꾸었다. 그분들이 성취하기 위해 그토록 애썼던 그 일이 내게는
아무런 수고 없이도 자연스러운 삶의 일부가 됐다.

내 자신의 유산 쌓기

이제는 유산을 시작하는 삶을 살기 위해 무엇을 할 수 있는지 살펴보자. 얼마 전 우리 가족과 절친한 대니 실크(Danny Silk)를 인터뷰했다. 대니와 부인 쉐리는 현재 벧엘 교회의 가정 사역 목사다. 대니는 이미 몇 권의 책을 저술했고, 교회 안팎에서 쉴 새 없이 강연 요청을 받고 있다. 가정과 관계, 사람에 대해 그가 나누는 계시와 통찰력은 언제나 사람들을 놀라게 한다. 그런데 많은 이들이 그의 삶 이면의 이야기를 알지 못한다.

대니가 석사 과정을 밟고 있을 때 자신의 삶의 이야기를 발표하는 과제가 주어졌다. 자신의 성장 과정을 돌이켜보면서 대니는 자신이 그 자리에 오기까지 말도 안 되는 혹독한 현실에 맞서 왔다는 사실을 깨달았다. 그 극복의 과정을 함께 살펴보면서 그가 어떻게 그 같은 현실을 극복할 수 있었는지 몇 가지를 조명해 보고자 한다. 어떤 상황에서든 우리는 우리 삶을 초월하는 긍정적 모멘텀을 창조할 수 있다.

대니가 7세 때 부모님이 이혼했다. 당시 아버지는 25세, 어머니는 23세였다. 해병대였던 아버지의 술 문제 때문에 가정은 불안하기 짝이 없었다. 이혼 직후 어머니와 대니와 남동생은 어머니의 새엄마와 함께 살기로 하고 캘리포니아 위버빌로 이주했다. 두 형제의 새아버지이자 어머니의 남편이 되어 줄 사람을 찾겠다는 생각도 있었다.

9세의 대니는 어머니의 상담자였고, 어머니가 남자와 헤어질 때마다 어머니를 위로해야 했다. 대니는 건강한 관계가 아니라 얼마나 성생활에서 능력이 있는가를 바탕으로 가족의 모습을 그리기 시작했다. 온 가족이 그런 가족의 모습을 강화했다. 15세 생일에 할머니는 선물로 콘돔 한 박스를 주셨다.

대학을 졸업할 때까지 20명 이상의 남자들이 아빠 후보자로 대니의 집을 거쳐 갔다. 그가 12세 때 어머니가 재혼했다. 3년 후 어머니는 다시 이혼했다. 새아버지는 폭음을 일삼는 데다 폭력적이었다. 대니나 동생에게 손찌검을 하지는 않았지만, 영향이 없지는 않았다. 대니의 동생도 분노와 술에 찌들어 누구든 건드리기만 하면 싸우려고 덤벼드는, 언제나 화가 난 사람이 됐다.

친부는 두 아들에게 연락조차 하지 않았다. 대니의 삶에 아버지라는 존재가 얼마나 큰 상처가 됐을지 쉽게 짐작이 간다. 대니의 말을 빌자면 "굳이 찾아가 문제를 만들고 싶지도 않았고, 굳이 아버지를 알고 지내고 싶지도 않았"다. 인정받고 사랑받고 목적을 찾기 위해 대니는 가족들이 보여 준 본을 따랐다. 섹스, 파티, 난잡한 관계에 탐닉했고, 인생 별것 없다는 슬픈 깨달음을 얻었다.

21세에 대니는 캘리포니아 위버빌 대로의 갈보리 채플이라는 교회에 가게 됐다. 이 교회는 후일 마운틴 채플로 이름을 바꿨다. 그

곳에서 대니는 자신의 삶을 그리스도께 드렸다. 참으로 놀라운 날이었다. 하지만 진정한 가정생활에 대한 주림은 더욱 커졌다. 그곳에서 대니는 진정한 가족의 모습을 처음으로 경험했다. 산등성이의 작은 교회 안에서 그는 온전한 가정들을 보았다. 난생 처음으로 아내를 사랑하고 아끼는 남편을 보았고, 오래도록 가정을 지켜 온 사람들을 보았다. 충격적이면서도 감동적인 모습이었다.

대니는 23세에 쉐리와 결혼했다. 그리고 이내 어그러진 두 삶이 만나 이룬 부부 관계가 참으로 힘겹다는 사실을 깨달았다. 두 사람은 이제 이들이 부부로서 겪었던 어려움과 시련을 솔직히 나눈다. 여러 장애물을 맞닥뜨렸을 때도 두 사람은 마음 깊은 곳에서 건강한 부부 관계와 가정을 이룰 수 있다고 믿었다. 산등성이 작은 교회에서 이미 그들은 그런 가정을 보았다. 오랜 시간 힘겹게 가정을 지키고 어려움을 극복하면서 두 사람은 한 가지 진리를 굳게 붙들었다. '한 사람'과 부부 관계를 유지하고 지키는 것이 가능하다는 진리였다.

인터뷰 중에 대니는 이제 이 결혼은 끝이라고 생각했던 적이 수백 번도 넘었지만, 그때마다 '한 사람과 부부 관계를 유지하고 지키는 것이 가능하다'는 진리로 돌아갔다고 했다. 그리스도께 자신의 삶을 내어 드리고 건강한 결혼과 가정을 본 것이 그의 삶에 중대한 전환점이 됐다. 하지만 무엇보다 그는 자신도 그런 결혼과 가정을 경험할 수 있다는 소망을 품었다.

인터뷰를 마치면서 대니는 그 소망 외에 아내와 두 사람의 관계에서 소망하는 변화를 위해 여러 가지 기술을 습득하는 데 많은 시간을 들였다고 밝혔다. 그리고 그의 소망이 실현됐다. 대니처럼 소망하던 꿈을 경험하기를 바란다면 그의 책을 읽어 보기를 권한다.[1] 그의 책에서 내가 사는 시대를 넘어서는 가정과 가정의 기초를 놓는 법을 배우게 될 것이다.

소망

대니와의 인터뷰를 돌이켜 보면서 몇 가지를 짚어 보고자 한다. 첫 번째는 **소망**이다. 소망은 깨어 있는 동안 꾸는 꿈이다. 소망은 매우 강력한 힘이다. 역사를 보면 위대한 운동을 시작하거나 인류사에 큰 족적을 남긴 다양한 사람들이 등장한다. 그들 모두가 더 크고 위대한 일을 향한 소망을 품었다.

역경과 고통, 고난을 만났을 때 그들은 소망을 굳게 붙들고 놓지 않았다. 마음이 약한 자들은 유산을 받지 못한다. 유산은 비정상이리만치 강한 결의를 가진 이들을 위한 것이다. 마음 깊은 곳에서 더 위대한 실체를 갈구하며 부르짖는 이들을 위한 것이다. 그럴 때 소망이 최고의 친구가 된다. 로마서 4장 18절은 기록한다: "아브라함이 바랄 수 없는 중에 바라고 믿었으니 이는 네 후손이 이같으리라 하신 말씀대로 많은 민족의 조상이 되게 하려 하심이라."

소망에 힘입어 아브라함은 아들을 주신다는 약속이 이루어지기까지 그 오랜 세월을 기다렸다. 우리도 상황이 낙심되고 불가능해 보일지라도 그 상황 속에서 소망을 품는 법을 배워야 한다. 소망은 해법을 찾고 모멘텀을 만들 아이디어를 자아내는 도구다. 소망을 얻기 위해 싸워야만 하는 사람들도 있다. 하지만 일단 소망을 품으면 불가능이 가능이 된다. 희망과 **살아 있는** 소망은 다르다. 우리 마음에 살아 있는 소망이 있을 때 그 소망이 겉으로 드러난다. 그럴 때 환경이나 상황에 관계없이 우리는 꽃을 피운다. 그럴 때 지난한 싸움이 계속되는 중에도 우리 마음에 승리가 있다.

소망이 우리 마음을 지배하면 모멘텀과 유산을 만드는 데 필요한 집중력이 생긴다. 소망은 모멘텀을 만들고, 집중력이 그 모멘텀을 유지한다. 집중하게 되면 무슨 일에든 성공하는 데 필요한 것들이 우리에게 찾아온다. 우리 자신의 역사, 우리 가정의 역사를 바꾸는 데 필요한 실질적, 영적 도구들이 갖춰진다. 그럴 때 다음 세대를 미래로 이끌 유산과 유산을 전해 주는 꿈이 현실이 된다.

미주 | ENDNOTES

1. Danny Silk의 책과 자료는 http://lovingonpurpose.com에서 확인할 수 있다.

MOMENTUM
MOMENTUM
MOMENTUM
MOMENTUM
MOMENTUM
MOMENTUM

CHAPTER 8

최상의 안정감을 누리는 삶

자신감은 주는 능력에서 비롯되고, 오만은 얻으려 하는
마음에서 비롯된다.

은총과 풍성함, 복을 그의 백성에게 부으시는 것이 하나님의 본질임을 이해했으니, 이제는 우리가 이 진리를 받아들일 때 무슨 일이 일어나는지 살펴보자. 하나님이 행하시는 일은 우리를 최상의 안정감을 누리는 자리로 옮기시기 위함이며, 그 자리에서 우리는 우리 삶에 임한 주님의 손길을 볼 수 있다는 사실을 깨달아야 한다. 하나님의 은총이 우리를 그 자리로 인도하도록 하나님께 주도권을 내어 드리지 않으면 하나님의 복을 개인의 사익을 위해 쓰기 쉽다.

1998년, 로드니 하워드 브라운 박사가 우리 교회에서 말씀을 전했다. 이 시대 위대한 부흥 운동가인 하워드 브라운 박사는 벧엘 교회에서 5일간 집회를 인도하며 말씀을 전했다. 참 놀랍고 아름다운 집회였다.

하워드 브라운 박사는 대부분의 집회에서 헌금에만 한두 시간을 할애한다. 찬양과 경배 시간을 빼고 헌금 시간만 한두 시간이다. 돈이라는 주제에 그렇게 많은 시간을 들인다며 박사를 싫어하는 사람들을 보면서 사실 참 재미있었다. 들어서 기분이 나쁜 주제라면 더 많이 들어야 한다는 생각이 들었다.

당시 우리 부부는 재정적으로 여유가 없었다. 하지만 50달러를 헌금하기로 마음먹었다. 또 매일 밤 헌금을 하기로 했다. 우리 부부는 5일간 매일 10달러 수표를 써서 총 50달러를 헌금했다. 그런데 그 주 내내 '500'이라는 숫자가 떠올랐다. "그 숫자 좋지. 좋은 숫자야." 마지막 날 밤, 후히 드리는 마음이 집회에 임했고, 사람들은 재킷과 신발을 벗고 시계와 금붙이를 풀어 제단 앞으로 가지고 나왔다. 당시 내 소유 중 가장 값이 나가는 것은 트럭에 장착된 CD 플레이어였다. 나는 주차장으로 달려가 CD 플레이어를 뜯어서 강대상 앞에 가져다 놨다. 교회로서 우리가 희생하며 후히 베푸는 삶을 살겠다고 결단했던 밤이었다.

얼마 후 친구들이 저녁을 먹으러 우리 집에 놀러 왔다. 함께 먹고 교제하며 좋은 시간을 보냈다. 늦은 밤 친구들이 돌아가고 잠을 자려고 하는데 누가 문을 두드렸다. 나는 그때 침실에 있었다. 아내가 나가 봤더니 방금 집을 나선 친구들이었다. 몇 분 후 아내가 손에 수표를 들고 들어왔다. 친구들이 우리에게 500달러를 준 것이다. 그 순간 얼마나 짜릿하던지! 서서 수표를 내려다보며 나는 생각했다: '이제 다시는 하나님의 공급하심을 의심하면 안 되겠다.'

그날의 교훈을 내 삶의 모든 영역에 적용하려고 노력한다. 물론 최상의 안정감을 느끼며 살겠다는 결단이 흔들린 때도 여러 번 있었다.

어느 날 아내와 식탁에 앉아 가계부를 정리했다. 공과금을 모두 내고 나면 잔액이 얼마인지 확인했더니 결코 기운이 나지 않는 숫자가 나왔다. 그런데 옆에 앉아 있던 아내가 말했다: "여보, 당신이 있어서 참 감사해요." 나도 말했다: "나도 당신이 있어서 정말 감사해요." 그리고 몇 분간 감사를 이어 갔다. 우리가 앉을 수 있는 식탁이 있어 감사, 우리가 사는 집을 주셔서 감사, 두 딸을 주시니 감사, 우리 발치에 앉아 있는 개를 주심 감사, 감사 제목이 끝이 없었다. 감사하는 동안 불안과 낙심으로 가득했던 분위기가 기쁨과 평강으로 바뀌었다. 우리는 감사를 택했고, 감사의 행위를 통해 최상의 안정감을 누렸다.

하나님의 본질은 끊이지 않는 생명이다. 하나님이 나를 축복하시고 내게 은총을 베푸시면, 나는 그 은총과 복을 따라 그분 안에서 최상의 안정감을 누리는 자리로 옮겨 가야 한다. 그 안정감의 자리에서 나는 꽃을 피운다. 최상의 안정감을 누리는 삶은 우리가 선택해야 살 수 있다. 이렇게 살겠다고 거듭 선택할 때 모멘텀이 생겨나고, 그 모멘텀을 통해 삶의 전 영역에서 하나님이 주시는 최상의 안정감을 경험하게 된다. 이 결정을 내리지 못하면 불안을 느끼며 살게 된다. 안타깝게도 많은 이들이 이런 선택을 내리고 만다.

불안을 느끼는 사람들은 흥미로운 행동을 한다. 안정감을 가져다준다면 무엇이든 하려 든다. 다른 사람 혹은 하나님과의 관계까지도 희생한다. 불안을 느끼는 사람들은 사람들의 관심을 끌거나 다른 사람을 깎아내리는 식으로 다른 사람들을 이용함으로써 자신을 높이려 한다. 세상 모든 사람이 안전과 안정을 간절히 원한다. 도구를 제대로 갖추지 못하면 우리도 쉽사리 거짓된 안정감을 얻을 방법을 찾아 나선다. 결코 건강하지 않다.

사람에 대한 두려움을 생각해 보자. 사람에 대한 두려움은 많은 경우 문자 그대로 다른 사람에 대한 두려움이다: "나는 당신이 두려워요." 우리는 타협이나 반응을 통해 다른 사람이나 다른 사람의 견해를 두려워하지 않을 방법을 찾으려 한다. 하지만 사람에 대한 두려움을 또 다른 각도에서 보면 이렇다: "나는 당신이 두려울 뿐 아니라 당신에게서 관심과 애정을 얻습니다." 좋든 나쁘든 다른 사람의 말과 견해에서 존재의 가치를 확인한다.

다른 사람의 말이 안정감의 주된 근원이 되면 권위의 자리에서 행하지 못하고 환경과 주위 사람들에게 끌려가게 된다. 주위 사람들의 말이나 생각에 더 신경을 쓸 때마다 왕의 아들로서의 내 정체성이 훼손된다. 사람들의 말에 더 가치를 두고 하나님이 아닌 주위 사람들에게서 애정과 관심을 얻으려 할 때마다 불안한 삶의 방식에 종속되고 만다. 내 경우가 그랬다.

이제는 사람들과 관심과 애정을 연말 보너스로 생각한다. 주 소득원은 아니지만 케이크 위에 얹은 체리 같은 존재다. 나는 하나님의 관심과 사랑이 정체성과 용기의 주된 원천이 되기를 소망한다. 다른 이들의 말은 덤이다.

"우리가 시작할 때에 확신한 것을 끝까지 견고히 잡고 있으면 그리스도와 함께 참여한 자가 되리라"(히 3:14). 이 구절은 우리가 그리스도께 속한 자이기 때문에 자신감을 가지고 행해야 한다고 강조한다. 기억하라. 자신감은 주는 능력에서 비롯되고, 오만은 얻으려 하는 마음에서 비롯된다. 이 둘을 혼동하는 사람들이 많다. 나는 사람들에게 종종 "내 자신감과 오만을 혼동하지 마십시오"라고 한다. 다음 세대를 위한 우리의 유산 가운데 행하면서 왕이신 하나님으로부터 자신감을 얻어야 한다. 그렇게 할 때 처한 환경과 상황을 넘어서는 법을 아는 자신감에 가득 찬 이들의 군대가 우리와 함께한다. 하나님 안에서 유산을 통해 자신감을 얻어야 하며, 그 자신감을 바탕으로 어떤 상황에 처하든 빛을 발해야 한다.

수백 년간 교회는 사람들에게 경이로운 존재가 되지 말라고 가르쳤다. 우리는 거듭거듭 튀지 말라는 말을 들어 왔다. 이는 성경의 가르침 그리고 예수님의 삶과 정반대다. 경이로운 존재가 되지 말라는 가르침은 맞지도 않고 성경적도 아니다. 예수님은 제자들이 놀라운 일을 행했을 때 기뻐하셨다. 누가복음 10장 21절을 보면 예수님은 제자들이 놀라운 일을 행했을 때 아버지를 경배하셨다: "그

때에 예수께서 성령으로 기뻐하시며 이르시되 천지의 주재이신 아버지여 … 감사하나이다." 복음을 선포하기 위해 보내심을 받은 70인이 하나님 나라의 열매를 맺었을 때 예수님이 보이신 반응이다.

우리가 경이로운 존재가 되고 사회에서 정말 두드러지게 되면 교만으로 가득 차게 될지 모른다는 두려움이 만연하다. 우리가 다다를 수 있는 높은 목적지 자체를 두려워한다면, 일을 잘할 수 있는 초자연적인 은혜에서 스스로 멀어지고, 열등한 삶의 방식으로 우리 자신을 밀어 넣게 된다.

명성이나 유명세가 목적이 아니다. 자신감 있게 행하며, 그럴 때 주어지는 것을 잘 지키고 관리하는 것이 목적이다. 이것이 그리스도를 닮는 삶이다. 예수님이 얼마나 자신감이 넘치는 동시에 겸손한 분이셨는지를 생각하며 예수님의 삶을 연구해 보면 참으로 흥미롭다. 예수님이 어떤 핵심 가치를 바탕으로 사셨는지를 분명히 알아야만 이해할 수 있는 예수님의 말씀과 행동이 있다. 간음 현장에서 잡힌 여인에게 예수님이 보이신 반응이 좋은 예다(요 8:3~12 참고). 종교 지도자들이 자신들의 판단에 따라 여인을 돌로 치려 했을 때 예수님은 정반대의 마음으로 반응하셨다. 예수님께는 그 같은 상황에 어떻게 반응해야 하는지를 결정하는 전혀 다른 핵심 가치가 있었다. 간음한 여인과 종교 지도자들은 상황을 다르게 대하는 새 언약을 맞닥뜨렸다.

나는 많은 사람들에게서 정체성과 행동에 대한 불안감을 본다. 불안한 사람이 돈, 영향력, 자원 및 어떤 형태로든 권력을 갖게 됐을 때 결과는 실로 두렵다. 에이브러햄 링컨은 말했다: "역경을 견디지 못하는 사람은 거의 없다. 사람의 성품을 시험하고 싶으면 그에게 권력을 주라."[1]

두 가지 종류의 질문

자신감을 지키고 관리하기 위해 무엇을 할 수 있는지 또 다른 각도에서 살펴보자. 질문에는 두 가지 종류가 있다. 우리의 의심을 합리화하고 강화하는 질문이 있고, 정말로 진리를 알고자 하는 질문이 있다. 첫 번째 유형의 질문을 살펴보자. 마태복음 12장 38절부터 42절은 예수님이 바리새인과 서기관들과 나누신 대화를 기록한다.

> "그 때에 서기관과 바리새인 중 몇 사람이 말하되 선생님이
> 여 우리에게 표적 보여주시기를 원하나이다 예수께서 대답
> 하여 이르시되 악하고 음란한 세대가 표적을 구하나 선지자
> 요나의 표적 밖에는 보일 표적이 없느니라 요나가 밤낮 사
> 흘 동안 큰 물고기 뱃속에 있었던 것 같이 인자도 밤낮 사흘
> 동안 땅 속에 있으리라 심판 때에 니느웨 사람들이 일어나
> 이 세대 사람을 정죄하리니 이는 그들이 요나의 전도를 듣
> 고 회개하였음이거니와 요나보다 더 큰 이가 여기 있으며

심판 때에 남방 여왕이 일어나 이 세대 사람을 정죄하리니
이는 그가 솔로몬의 지혜로운 말을 들으려고 땅 끝에서 왔
음이거니와 솔로몬보다 더 큰 이가 여기 있느니라"

이 상황에서 예수님은 의심과 불신앙에 사로잡혀 미동도 하려
하지 않는 이들의 질문에 답하기를 거부하셨다. 이 대화가 오고 간
당시 예수님은 놀라운 가르침과 계시, 기적과 이적과 표적으로 알
려진 분이었다. 예수님의 이름을 모르는 사람이 없을 정도로 유명
인이셨다. 당시 종교 지도자들은 그들이 이전에 본 것과 같은 표적
을 구했다. 예수님은 그들의 청을 거절하시고 하나님의 돌파구에
이끌려 최상의 안정감을 누리는 자리로 가는 법을 이해하는 데 핵
심적인 가르침을 주셨다.

예수님은 이들을 "악하고 음란한 세대"라 부르셨다. 이들의 마
음은 불신앙으로 인한 간극을 오히려 넓히는 악한 의도로 가득했
다. 뿐만 아니라 하나님과의 언약도 신실히 지키지 않았다. 때문에
예수님은 이들을 '음란한' 세대라고 부르셨다. 예수님은 이들이 하
나님과의 언약을 신실히 지키지 않기 때문에 또 다른 표적을 본다
해도 확신을 얻지 못하리라는 사실을 아셨다. 그 누구보다 하나님
이 행하신 일에 대해 많이 아는 사람들이었지만, 그 모든 지식에도
이들은 예수님을 믿는 자리까지 나아가지 못했다.

믿는 자로서 우리는 하나님이 행하신 일에 대해서는 알되, 그 지

식으로 변화를 받지 못하는 큰 실수를 저지른다. 하나님을 아는 지식에 변화 받지 못하면 우리는 턱없이 낮은 기준을 세우고 평생 영적으로 아무런 발전과 성장 없이 살게 된다. 우리에게는 우리가 본 것뿐 아니라 우리가 들은 다른 이들의 삶의 이야기에 대해서까지도 막중한 책임이 있다.

대개는 보면 믿는다. 그런데 듣기만 하고 믿는 사람은 많지 않다. 요한복음 20장 29절에서 예수님은 도마에게 말씀하셨다: "너는 나를 본 고로 믿느냐 **보지 못하고 믿는 자들은** 복되도다." 예수님은 이 기준에 다다르라고 우리를 부르신다. 이 기준에 도달한 사람은 거의 없다. 눈에 보이고 이성과 논리로 납득이 되는 것을 믿는 것과, 눈에 보이지 않고 경험해 보지도 않은 것에 반응하며 강한 믿음과 자신감으로 행하는 것은 전혀 다르다.

여기서 예수님은 서기관과 바리새인들에게 불신앙에서 신앙으로 나아가는 능력 부족을 지적하시며 이들을 대면하신다. 또한 또다른 표적을 보여 주셔도 아무 소용이 없고, 이들의 불신앙과 의심만 공고히 할 뿐이라는 사실을 분명히 밝히신다. 그날 바리새인과 서기관들은 엄청난 진리를 보고 들었다. 하지만 그럼에도 그들은 그들 앞에 서 계신 메시아에게 여전히 냉담했다. 그렇기에 그들의 책임은 더더욱 엄중하다.

이제는 또 다른 유형의 질문을 살펴보자. 진리를 알기 위해 진심으로 묻는 질문이다. 요한복음 3장에서 니고데모라는 사람이 늦은 밤 예수님을 찾는다. 니고데모는 예수님에게서 들은 가르침 때문에 심히 번민했다. 그는 진정 답을 찾고 있었다. 나는 니고데모가 그분을 알고자 하는 순수한 바람으로 예수님께 나아갔다고 믿는다. 예수님이 그에게 어떤 식으로 대답하셨는지를 보면 알 수 있다. 예수님과 니고데모의 대화를 통해 니고데모가 그가 찾던 답을 찾고 돌아갔음을 확인하게 된다.

진리를 알고자 하는 동기에서 하는 질문은 전혀 문제가 없다. 우리는 하나님을 아는 지식이 계속 성장해 나가기 위해서는 진리를 알고자 하는 마음으로 하나님께 나아가야 한다. 살다 보면 우리의 믿음과 생각을 흔들기 위해 다가오는 것들을 무수히 만난다. 그럴 때 우리는 니고데모처럼 진리를 알고자 하는 태도로 하나님께 나아가야 한다. 그러기 위해서는 진리를 알고자 하는 태도를 지켜 나가는 법을 배워야 한다.

하나님이 행하신 일이나 진리를 맞닥뜨리면 우리가 맞닥뜨린 그 실체를 따라 살고 행동해야 할 책임이 생긴다. 이것이 바로 최상의 안정감 가운데 행하는 삶이다. 그 진리를 기억하며 살 때 어떤 상황에서든 상황과 환경이 아닌 그 진리에만 영향을 받게 된다. 안타깝게도 우리는 종종 그 진리를 품고 특정 환경 속으로 들어갔다가 진리를 버린 채 그 환경을 빠져나온다. 우리는 어떤 환경에서든 진리의 수호자가 되고 그 진리를 굳게 지켜 나가야 한다. 이것이 하나님이 행하신 일 가운데 최상의 안정감을 누리는 삶의 직접적인 결과다.

이 모든 것들이 우리를 최상의 안정감을 누리는 자리로 이끌 때 놀라운 일이 일어나기 시작한다. 이전에 한 번도 보지 못했던 것들이 보이기 시작한다. 주님의 손이 언제 어디에 임하는지 보이기 시작한다. 더 이상 불안에 끌려 다니지 않는다. 안정감을 바탕으로 주님이 어디 계신지, 무슨 일을 하고 계신지 또렷이 보게 된다.

1995년 대학 1학년 시절 가족을 만나러 집에 갔다. 주일 아침 교회에 들어갔더니 형이 찬양을 인도하고 있었다. 의자에 앉아 앞에 서서 찬양을 인도하는 형의 모습을 보자니 질투심이 슬그머니 올라왔다. 지금은 내가 그랬다는 생각만으로도 부끄럽지만, 당시 내 상태는 상당히 불안했다. 예배 시간 내내 질투심과 씨름했고, 예배가 참 길게 느껴졌다.

예배 중에 장로님 한 분이 내게 오시더니 내 귀에 이렇게 속삭이셨다: "에릭, 주님은 네 모습 그대로 너를 지으셨단다." 나는 그 자리에 앉아 이렇게 생각했다: '장로님이 어떻게 아셨지?' 아무에게도 내 '문제'를 얘기하지 않았지만, 하나님은 아셨다. 나는 즉시 내 태도를 회개했다. 분열의 영이 들어올 자리를 내가 만들었다는 사실을 깨달았다. 질투심이 하나님이 행하시는 일에 분열을 초래하고 있었다. 때문에 주님의 손길이 형의 삶에서 행하고 계신 일을 보지 못했다.

　이런 태도가 우리 삶에 뿌리 내리도록 방치하면 결국 우리 눈이 가려지고, 하나님이 행하고 계신 일을 보지 못하고 만다. 하나님이 말씀하시는 우리의 모습을 받아들이고, 그 말씀을 붙들고 안정감과 자신감을 갖게 되면, 우리 눈과 귀가 열려 다른 이의 삶에 임한 은총과 기름부음을 잘 보게 된다. 이 능력은 우리가 받기만 하는 자가 아니라 주는 자가 되는 데 긴요하다. 때문에 궁극적으로 우리 삶의 방향을 완전히 바꾸는 계시다. 이기적인 이유에서 무엇을 구하는 대신 후히 주는 삶을 살 수 있다.

　최상의 안정감을 누리며 살면 모멘텀이 형성되고 그리스도의 몸이 되는 삶을 풍성히 경험하게 된다. 우리가 무엇을 얻을 수 있느냐는 더 이상 중요치 않다. 주님이 행하고 계신 일이 중요해진다. 주님이 다른 사람의 삶에 역사하실 때 마음에 아무 거리낌이나 문제 없이 그 사실을 기뻐하게 된다. 그를 통해 모멘텀에 발을 들이게 된다. 후히 주는 마음은 무엇을 얻을까 걱정하지 않는다. 나눔의 기회를 그 힘으로 삼는다.

　사역 초기에는 내 삶과 사역에 더 큰 기름부음, 더 큰 돌파구를 달라고 부르짖었다. 할 수 있는 건 다했다. 금식하고 기도하고 안수 기도 받고 성경도 읽었다. 마음속에서 무언가를 계속 구하며 좇았다. 그러는 중에 내가 그토록 주려하던 기름부음이 우리 교회 다른 사람에게 임했음을 알았다. 솔직히 허를 찔린 기분이었다. 기름부음이 임한 사람은 내가 돌보며 상담해 주던 형제였다. 그 형제의 삶은 엉망진창이었다. 마약 중독자였고, 방탕한 삶을 살고 있었다. 그가 과연 그런 기름부음을 원했는지조차 모르겠다. 하지만 나는 간절히 원했다.

내게는 마음이 상하고 기분이 나쁜 상황에서도 기뻐하고 축하해 줄 수 있는 귀한 기회였다. 마음은 상할 수도 있다. 그 상한 마음으로 어떻게 하느냐가 중요하다. 사람들이 자신은 절대 마음이 상하지 않는다고 하면 나는 껄껄 웃는다. "아직 기회가 없었던 게지요." 나는 말한다. 마음이 상하고 화가 난 그 순간 내 앞에 선택지가 펼쳐졌다. 지금도 생생하게 기억난다. 어떤 일이 일어나는지 두 눈으로 똑똑히 본 그 순간, 그 형제에게 벌어진 일을 기뻐하고 축하하는 법을 배워야 했다.

기름부음이든 치유든 돌파구든, 열심히 구해 본 적이 있는가? 할 수 있는 건 다해 가며 애를 쓰는데 당신이 아닌 다른 사람이 당신이 구하던 그것을 받는 모습을 본 적이 있는가? 그때가 바로 질투와 시기가 우리 마음에 뿌리 내리지 않도록 막을 절호의 기회다.

"여호와께서 아브람에게 이르시되 너는 너의 고향과 친척과 아버지의 집을 떠나 내가 네게 보여 줄 땅으로 가라 내가 너로 큰 민족을 이루고 네게 복을 주어 네 이름을 창대하게 하리니 너는 복이 될지라 너를 축복하는 자에게는 내가 복을 내리고 너를 저주하는 자에게는 내가 저주하리니 땅의 모든 족속이 너로 말미암아 복을 얻을 것이라 하신지라"(창 12:1~3).

하나님은 아브람에게 분명히 밝히셨다: "내 축복의 손이 네게 임했다. 누구든 너를 축복하는 자에게 내가 복을 줄 것이다." 복을 받은 이를 축복하고 존귀하게 여길 때 그 사람의 삶에 임한 축복을 우리도 받을 수 있는 기회를 하나님이 주신다.

다른 사람이 돌파구를 찾았을 때 함께 기뻐할 놀라운 특권이 우리에게 주어졌다. 아버지는 언제나 말씀하신다: "다른 사람에게 임한 기적을 기뻐하는 능력이 네가 기적을 받을 자격이 된다." 우리 모두가 매일의 삶 속에서 이 능력을 키워 가야 한다. 어떤 이들에게는 참 힘든 과제일 수도 있지만, 결국에는 다른 사람이 기적을 경험하고 돌파구를 찾는 모습에서 순수한 기쁨을 느끼게 될 것이다. 다른 사람의 승리와 복을 기뻐하기로 결단할 때 우리와 우리 주위 사람들이 기하급수적 성장을 경험하게 된다.

미주 | ENDNOTES

1. http://www.quotationspage.com/quote/414.html 참고.

MOMENTUM
MOMENTUM
MOMENTUM
MOMENTUM
MOMENTUM
MOMENTUM

CHAPTER 9

막중한 책임

"예수는 지혜와 키가 자라가며 하나님과 사람에게 더욱
사랑스러워 가시더라"

눅 2:52

우리의 유산을 인식하기 시작했으니 이제는 우리가 무엇을 해야 하는지를 살펴보자. 유산을 받으면 책임이 생긴다. 우리는 종종 유산을 받으면 그것으로 끝이라고 생각한다. 유산을 받고 나면 은퇴해서 받은 유산을 쓰면서 여생을 보내면 된다는 식이다. 한 세대가 무언가를 일으키기 위해 혹은 굳건히 하기 위해 막대한 대가를 지불하지만, 다음 세대로 넘어가면 이전 세대의 성취를 제대로 관리하지 못하거나 지키고 관리해서 더 늘려야 한다고 생각하기보다 기대어 여생을 보낼 것을 받았다고 생각하는 경우가 역사에 빈번하다.

권리의식을 대적하라

오늘날 우리가 직면한 도전 중 하나는 유산을 받는 데 따른 막중한 책임을 제대로 이해하도록 다음 세대를 준비시키는 일이다. 다양한 상황에서 권리의식을 맞닥뜨린다. 자신감과 능력이 넘치고 자유한 자들이 되도록 한 세대를 준비시키는 과정에서 상당히 파괴적인 우월감이 이들 안에 생겨나는 부작용이 나타나기도 한다. 우월해지는 것이 목표가 아니다. 유익한 존재가 되는 것이 목표다.

예수님은 자신감을 갖고 행하며, 종의 삶을 산 능력의 사람의 모습을 삶으로 보이셨다. 현대 문화에서는 자신감과 능력을 동일시한다. 1등이 되는 것을 영성의 사다리를 오를 방법으로 여긴다. 나는 "우리에게 임한 기름부음이 클수록 섬김의 수준도 높아져야 한다"는 말을 자주 한다. 그리스도 안에서 받은 정체성이 공고해질수록 주위 사람들에게 복이 되고 싶다는 바람이 강해진다.

과정 vs. 분투

과정을 제대로 이해해야 한다. 그런데 사실 여러 가지 이유로 과정을 제대로 이해하기가 신학적으로 힘들다. 예수님이 십자가에서 죽으시고 죽은 자 가운데서 살아나셨을 때 옛 언약에서 새 언약으로의 완전한 이동이 일어났고, 때문에 우리는 더 이상 예수님이 우리가 취할 수 있도록 만들어 주신 것을 얻기 위해 분투할 필요가 없다고 주장하는 진영이 있다. 이러한 주장에 따라 우리는 등식에서 과정을 제거해 버렸다. 그리고 책임감을 느끼는 대신 권리의식에 취하고 말았다. 그러면서 많은 이들이 유산을 남용하고 오용하는 사태가 벌어지고 있다. 유산을 전해 주는 세대와 전해 받는 세대가 모두 넘어야 할 장애물이다.

우리는 과정과 분투의 차이를 이해해야 한다. 예수님은 사고방식과 마음의 문제에 대해 많은 말씀을 하셨다. 사고방식과 마음의 문제를 잘 직면하면 과정을 제대로 이해하게 된다. 하지만 사고방식과 마음의 문제를 제대로 직면하지 못하면 부질없이 분투할 뿐이다. 과정을 통해 우리는 우리에게 무엇이 있는지를 인식하고, 그것을 사용해 왕을 존귀하게 여길 준비를 갖춘다.

그렇다면 과정은 어떤 모습일까? 내가 파악하고 이해한 과정은 두 가지다. 첫째, 특정 과정의 존재 목적을 받을 준비를 위해 과정을 통과한다. 반대로 내가 준비되지 않은 상태에서 받을 경우, 과정을 통해 그것을 잘 관리하고 유지하는 법을 배운다. 순서는 중요치 않다. 앞에 놓인 것을 가지고 무엇을 하느냐가 중요하다.

예수님이 열두 제자들에게 얼마나 많은 능력과 권위를 맡기셨는지 살펴보자.

"예수께서 열두 제자를 불러 모으사 모든 귀신을 제어하며 병을 고치는 능력과 권위를 주시고 하나님의 나라를 전파하며 앓는 자를 고치게 하려고 내보내시며"(눅 9:1~2).

누가복음 9장에서 놀라운 일들이 벌어진다. 제자들은 5천 명을 먹이고, 귀신 들린 소년이 자유하게 되고, 예수님이 산에서 변화하시는 모습을 본다. 또 제자들이 누가 더 큰 자인지 싸우는 모습을 예수님이 보신다. 한 성읍에서는 예수님을 거절한다. 분개한 야고보와 요한은 천둥과 번개로 온 성읍을 쓸어버리는 대량살상을 제안한다. 이런 상황들을 맞닥뜨리셨을 때 예수님은 보통 사람들과는 사뭇 다른 반응을 보이셨다. 벤치에 앉아 쉬라고 대기발령을 내시는 대신, 예수님은 이들에게 계속 사역을 맡기시고 내보내신다. 그리고 전혀 속도를 늦추지 않으신다. 누가복음 10장 1절은 이렇게 기록한다: "그 후에 주께서 따로 칠십 인을 세우사 친히 가시려는 각 동네와 각 지역으로 둘씩 앞서 보내시며."

성품의 결함이 있다고 할 만한 모습을 제자들이 보인 후에도 예수님은 하나님 나라를 선포하라며 70인을 더 보내셨다. 예수님은 많은 점에서 우리와는 다른 방식으로 일하셨다. 예수님이 성품의 문제를 신경 쓰지 않으신다는 말인가? 그렇지 않다. 사실 예수님은 성품의 문제에 대해 전하시고 선포하시는 데 많은 시간을 할애하셨다. 하지만 예수님은 우리 기준에 아직 준비가 되지 않은 이들에게 거리낌 없이 온갖 초자연적인 능력과 권위를 주셨다. 예수님의 과정은 우리의 과정과 다르다. 예수님은 직접 접근 방식을 선호하신다는 생각이 든다.

종교의 영은 분투하게 만든다. 은혜는 과정을 낳는다. 바리새인과 사두개인들은 선한 모양을 갖추기 위해 분투하는 데 시간을 들인 반면, 제자들은 마음을 정하게 하는 과정을 거쳤다. 우리 마음의 기준을 정확하게 세우는 일에 제대로 집중하지 못하고 다른 데 마음을 빼앗기게 되면 그때부터는 우리 삶을 이끌어 줄 기준을 밖에서 찾게 된다.

과정이 필요치 않다고 말하려면 예수님의 가르침과 신약 전체를 내다 버려야 한다. 바울은 교회들에게 삶을 살아가는 방식에 대해 지침을 전하고 잘못된 부분을 바로잡는 데 많은 시간을 들였다. 또 그는 행동과 더불어 마음의 문제를 성경에서 다룬다. 과정을 거치는 목적은 구원을 얻기 위해서가 아니다. 하나님이 우리에게 주신 것을 지키고 관리하는 법을 배우기 위해서다. 하나님이 지금 우리에게 하나님의 영광을 모두 주신다면 우리는 아마 감당하지 못할 것이다. 그 영광의 무게와 충격에 그대로 죽고 말 것이다. 우리 마음을 정하게 하고 기준을 세울 때 변화가 일어난다. 하나님의 임재를 잘 지키고 간직하는 법을 배우게 된다.

예수님이 이 과정을 어떻게 통과하셨는지 성경에서 확인해 보자.

"그의 부모가 해마다 유월절이 되면 예루살렘으로 가더니 예수께서 열두 살 되었을 때에 그들이 이 절기의 관례를 따라 올라갔다가 그 날들을 마치고 돌아갈 때에 아이 예수는 예루살렘에 머무셨더라 그 부모는 이를 알지 못하고 동행

중에 있는 줄로 생각하고 하룻길을 간 후 친족과 아는 자 중에서 찾되 만나지 못하매 찾으면서 예루살렘에 돌아갔더니 사흘 후에 성전에서 만난즉 그가 선생들 중에 앉으사 그들에게 듣기도 하시며 묻기도 하시니 듣는 자가 다 그 지혜와 대답을 놀랍게 여기더라 그의 부모가 보고 놀라며 그의 어머니는 이르되 아이야 어찌하여 우리에게 이렇게 하였느냐 보라 네 아버지와 내가 근심하여 너를 찾았노라 예수께서 이르시되 어찌하여 나를 찾으셨나이까 내가 내 아버지 집에 있어야 될 줄을 알지 못하셨나이까 하시니 그 부모가 그가 하신 말씀을 깨닫지 못하더라 예수께서 함께 내려가사 나사렛에 이르러 순종하여 받드시더라 그 어머니는 이 모든 말을 마음에 두니라 예수는 지혜와 키가 자라가며 하나님과 사람에게 더욱 사랑스러워 가시더라"(눅 2:41~52).

예수님이 "지혜와 키가 자라가며 하나님과 사람에게 더욱 사랑스러워 가시더라"는 마지막 구절이 참 흥미롭다. 예수님의 사역 전개에서 이 단계는 반드시 필요했다. 예수님이 사셨던 삶과 예수님이 행하신 일들의 기초는 예수님이 지혜와 키가 자라 가며 하나님과 사람에게 더욱 사랑스러워지셨다는 사실이다. 완전한 인간이셨던 예수님이 이 세 영역에서 과정을 통과하셔야 했다면, 우리도 당연히 그 과정을 통과해야 하지 않을까?

역사에는 좋은 정보가 가득하다. 동시에 역사를 이해하면 우리의 역사를 쓸 수 있다. 빠르게 변하는 세상에서 느리게 쌓는 능력은 우리가 쉽게 잃어버리는 능력이다. 현대 사회는 빨리 움직이고 즉각적으로 결과를 내라고 독촉한다. 반드시 **빠른** 것이 나쁘지만은 않다. 개인적으로 나는 속도감이 있는 편이 좋다. 하지만 유산을 창조하고 유산을 쌓을 때는 훨씬 천천히 접근해야 한다. **깊이**는 떨어져도 **크게** 만들고 싶은 유혹도 있다.

겉만 화려한 사람이 아니라 내실 있는 사람이 되고 싶다는 생각을 사람들은 종종 한다. 미디어와 소셜 네트워크의 도래와 함께 겉으로 화려하고 부풀려진 사람이 되라는 압박은 점점 커진다. 사회의 통념과 달리 **천천히 깊게** 쌓아 갈 수 있다면 우리의 상상을 뛰어넘는 폭발적 유산과 부흥을 보게 될 것이다. 한 세대가 가능한 일만 하려 들지 않고 개인의 유산을 쌓아 가는 일을 목적으로 삼을 때 주시하라. 유례없는 일이 곧 일어난다.

마이크 비클은 오늘을 사는 이 세대가 가장 강력한 세대가 될 것이라고 했다. 이 세대는 수많은 선택지 중에서 오직 한 가지에 "예"라고 대답했으며, 그로 인해 과거를 뛰어넘는 성취를 이루게 될 것이기 때문이다.[1]

자기 자랑

자기 자랑의 뿌리는 대개 하나님에 대한 신뢰 부족이다. 현대 문화에서 가장 어려운 문제 중 하나가 바로 자기 자랑이다. 이 시대는 자신을 알리기 위한 방법을 찾는 데 골몰한다. 하지만 예수님은 삶에 전혀 다른 방식으로 접근하셨다. 예수님이 삶과 사역을 어떻게 대하셨는지 알고 거기에 우리 삶과 사역을 조정해야 한다.

예수님이 군중을 모으기 위해 혹은 유명세를 얻기 위해 자신이 행하신 일을 의도적으로 알리셨다는 기록은 어디에도 없다. 오히려 예수님은 무리가 따라오지 못하게 만드는 말씀과 행동을 하셨다. 예를 들어, 예수님은 이런 말씀을 하셨다.

> "내 살을 먹고 내 피를 마시는 자는 영생을 가졌고 마지막 날
> 에 내가 그를 다시 살리리니 내 살은 참된 양식이요 내 피는
> 참된 음료로다 내 살을 먹고 내 피를 마시는 자는 내 안에 거
> 하고 나도 그의 안에 거하나니"(요 6:54~56).

예수님은 무리가 떠나기 전에 "내 살을 먹고 내 피를 마시는"이라는 말씀이 무슨 의미인지 굳이 설명하지 않으셨다. 후에 예수님이 열두 제자에게 이 말씀이 성만찬을 뜻한다고 설명해 주셨기 때문에 우리야 이 말씀을 어렵지 않게 받아들인다. 하지만 그런 설명을 듣지 못한 군중은 이 말씀을 듣고 그 자리를 모두 떠나 버렸다.

사람들의 열광적인 호응을 원하셨다면 대중 앞에서 이런 말씀은 절대 하지 않으셨을 것이다.

예수님은 사역을 키우고 유명한 사람이 되겠다는 생각이 전혀 없으셨다. 예수님을 움직인 목적은 전혀 달랐다. 아버지가 행하시는 일을 그대로 행하는 것이었다. 사람들이 예수님처럼 자신의 정체성에 깊은 안정감을 누리고 아버지가 자신을 어떻게 보시는지 확실히 알게 되면 자신을 높이고 자랑할 필요가 전혀 없어진다. 존재감과 은총이 어디든 함께하며, 문이 열리고 모멘텀이 형성된다. 문을 열기 위해 안간힘을 쓰지 않아도 문이 저절로 열린다.

우리가 이야기하는 이 모멘텀이 그리스도의 몸 안에서 형성되고 있다. 그 모멘텀이 자기 자랑을 할 필요가 없는 이들을 따라 움직일 것이다. 자기 자랑의 뿌리는 언제나 하나님에 대한 신뢰 부족이다. 하나님을 신뢰하지 못하니 내가 손을 써야 한다고 느끼고, 결국 자기를 자랑하고 높이려 들게 된다. 우리는 하나님의 은총과 사람의 은총을 통해 문이 열릴 때까지 기다리는 법을 배워야 한다. 우리 마음의 기준이 하나님의 마음에 맞춰질 때 전혀 다른 삶을 살게 된다. 주고자 하는 마음이 우리를 움직이는 동력이 된다. 마음이 이끌게 된다. 래리 랜돌프(Larry Randolph)의 말처럼 "은사가 마음을 이끌게 하지 말고, 마음이 은사를 이끌게 하라."[2]

축복을 전하다

얼마 전 다른 나라에서 아내와 집회를 인도할 때의 일이다. 집회 기간에 리더들과 만나 그들이 개척 준비 중인 교회에 대한 이야기를 나눴다. 그런데 상황이 좀 특이했다. 교회 개척에 참여한 리더 중 과반수가 한 가족이었다. 부부와 세 자녀로 이뤄진 이 가족은 집회에 참석한 이 공동체 안에서 교회 개척에 적극적으로 참여했다.

대화를 하다 보니 그 가족 구성원이 아닌 다른 리더들이 자신의 자리를 찾는 과정에서 상당히 흥미로운 역학관계가 형성됐다는 말이 나왔다. 이들이 당면한 여러 문제와 상황들에 대해 이야기를 하고 있는데 그 가족의 장성한 자녀 중 한 명이 이런 말을 했다: "제가 리더의 딸이기 때문에 리더십에 포함됐다고 다른 분들이 생각한다는 걸 느낄 수 있습니다." 그 때문에 이 자매는 다른 사람들이 리더가 될 수 있도록 사임을 하거나 물러나야 하는 건 아닌지 고민하고 있었다.

그런데 사실 그 말을 한 자매는 기름부음을 받은 사람이었고, 우리 생각에 가족의 일원이라 하더라도 리더십 팀에 들어가야 할 사람이었다. 나는 그 자매에게 자신의 유산을 등져서는 안 된다고 말했다.

"그럼 어떻게 해야 할지 모르는 이 상황에서 어떻게 해야 할까요?"

"받은 복과 유산을 주위 사람들에게 전하고 나눌 방법을 찾아야 합니다."

우리가 진정으로 유산 가운데 행할 때 물리적 영역과 영적 영역의 권위 가운데 행하게 된다. 은총과 유산, 복을 받은 자의 책임 중하나는 받은 것을 주위 사람들에게 전하고 나누는 법을 터득하는 것이다. 그 방법으로 기도와 기회, 관계를 살펴보자.

축복기도

권위가 있으면 무슨 일을 하기 위해 다른 사람의 허락을 구할 필요가 없다. 우리에게 맡겨진 일을 완전한 자신감으로 하게 된다. 우리는 권위의 자리에서, '하늘'(엡 2:6 참고)의 자리에서 기도한다. 축복기도를 할 때 이 점을 반드시 기억해야 한다. 하늘의 자리란 아무런 결핍이 없고 넘치는 풍성함이 있는 곳이다. 우리가 얼마나 복된 자인지를 깨달으면 자연스레 나누어 주게 된다. 우리는 우리에게 있는 것만 나눠 줄 수 있다. 어떤 사람이 주님의 축복을 일정 분량 받아 지닌다면 그 사람은 그 복을 나눠 줄 수 있는 권위의 자리에 있다. 그렇다면 이 권위의 원칙을 유산의 영역에 적용해 보자.

작년에 노르웨이의 하콘 파게르빅(Hakon Fagervik)이라는 분을 만났다. 하콘은 참으로 겸손하고 따뜻한 분이다. 스칸디나비아의 영적 아버지로, 그 땅을 향해 타오르는 마음을 가진 분이기도 하다. 얼마 전 하콘의 친구가 하콘에게 와서 새 어선에 축복기도를 해 달라고 부탁했다. 당시 노르웨이 북부에 있는 그 마을의 어업은 상황이 상당히 힘들었고, 그로 인해 경제에도 큰 타격이 있었다. 하콘은 친구의 부탁을 받고 어촌까지 찾아갔다. 배에 기름을 바르고 짧게 축복기도를 했다. 그리고 놀라운 일이 일어났다.

다른 배는 물고기를 별로 잡지 못하는데 그 배만 만선이었다. 하콘이 그 배를 위해 기도했고, 그 때문에 거듭 만선이라는 소문이 퍼졌다. 얼마 후 하콘이 다시 그 마을을 찾았을 때 다른 어부들이 그 소식을 듣고는 와서 자기 배도 축복해 달라고 청했다. 하콘은 다른 배들도 축복했다. 그리고 무슨 일이 일어났을까? 맞다. 그 배들도 엄청난 어획량을 올렸다. 소문이 더 멀리 퍼져 나갔고, 마을의 모든 가게와 호텔들이 앞 다퉈 축복기도를 청했다. 지역 일간지가 전말을 상세히 전하며 하콘의 기도로 이 지역 경제가 어떻게 부활했는지를 설명하는 기사를 내보낼 정도였다.

유산을 주위 사람들에게 전하고 나누는 삶의 놀라운 간증이다! 지닌 것을 나누고자 한다면 다른 이들을 위해 기도하면 된다. 그런데 많은 경우 그렇게 기도하면서도 그 기도의 힘을 깨닫지 못한다. 복과 유산을 나누는 기도의 능력을 깨닫고 이해하면 놀라지 않을 수 없다. 축복기도만으로 한 사람의 삶이 완전히 바뀌는 모습을 나는 수없이 목격했다. 이 권위를 받아 지닌 자로서 우리는 기도 가운데 주위 사람들에게 복을 전하고 나눠 주어야 한다.

퍼 줄 기회

아버지가 내게 이런 말씀을 하셨다: "내 자녀들이 나 때문에 대가를 치러야 하니, 마찬가지로 나로 인해 기회를 누리도록 해야 한다." 우리의 축복과 유산은 우리가 누리는 실체를 다른 이들이 와서 경험하도록 하는 다리가 되어 준다. 이렇게 되기 위해서는 우리가 경험하는 기회를 다른 이들이 경험할 수 있도록 해 줘야 한다. 우리의 정체성과 직결되는 경험을 공유할 기회를 만들어야 한다.

이 시대의 다양한 '부흥의 장군들'과의 교제는 내게 영광과 축복 그 자체다. 이들은 종종 벧엘 학교와 집회에서 말씀을 전한다. 나는 기회가 될 때마다 교제의 식사 자리에 간사나 학생을 초대한다. 학생들이 부흥의 장군과 식탁에 마주 앉아 그 순간에 완전히 빠져드는 모습을 볼 때면 참 즐겁다. 내가 항상 누리는 특권이 내 삶의 다른 이들도 그 특권을 경험하게 해 주는 다리가 된다.

덮는 관계

주님은 관계와 공동체 안에서 서로를 덮는다는 말의 의미를 우리가 잘 이해하도록 돕고 계신다. 이것이야말로 다른 이에게 축복을 전하고 나누는 가장 강력한 방법이다. 예수님을 통해 하나님과의 관계에 들어가면 우리에게 하나님 나라가 맡겨진다. **놀라운 거래**다. 가히 충격적이다. 우리 삶을 드리는 행위를 통해 우리는 영원한 영역의 하나님 나라를 받는 자리로 나아간다. 하나님과의 관계에 들어갈 때 하나님은 우리에게 "모든 신령한 복"(엡 1:3 참고)을 취할 자격을 주신다. 얼마나 짜릿한 거래인가!

궁극적 유산이다. 출신이나 성장 배경에 상관없이 유서 깊은 기독교 집안 출신과 똑같이 유산을 받는다. 와! 하나님 나라를 위해 큰일을 행한 사람들 중 상당수는 깨어지고 어그러지고 처참한 가정에서 나고 자라 사실 아무것도 하지 않는다 해도 누구 한 사람 나무랄 수 없는 이들이다. 그런데도 그들은 유산의 영역에 들어가 유산을 누리며 살았다. 과거가 미래를 규정하도록 내버려 두지 않았다.

최근 유타 파크 시티에서 열린 가족 모임에 참석했다. 22년 전 마지막 모임 이후로 한 번도 보지 못한 가족 친지들을 만나 교제를 나눈 좋은 시간이었다. 그 모임을 위해 우리는 두 명의 촬영 기사를 고용해 가족들의 현재 모습과 이야기를 촬영했다. 우리뿐 아니라 후대를 위해서도 기록을 남기고 싶었다. 아버지와 내가 함께 인터뷰를 했다.

나는 이런 질문을 받았다: "6대째 신앙을 지켜 오셨는데, 어떻게 유서 깊은 영적 유산이 6대까지 성공적으로 전해져 내려왔을까요?"

나는 이렇게 답했다: "내가 아닌 다른 존재가 되라는 부담은 전혀 없습니다. 내 모습 그대로 살아갈 자유를 넘치도록 받았습니다."

돌이켜 보면, 부모님이 내게 살면서 무엇을 해야 한다고 지시하신 적이 한 번도 없었다. 부모님 생각에 내가 어떤 직업을 가져야 하는지, 어떤 학교에 가야 하는지, 어떤 진로를 택해야 하는지 말씀하셨던 기억이 한 번도 없다. 부모님은 한 인격체로서의 내 마음 자세와 성품의 성장에 자신의 삶을 쏟아 부으셨다.

유산이 다음 세대로 전해질 때 그 유산과 함께 일정한 기대도 전달되는 경우가 많다. 의도가 좋다 해도 때때로 그 기대는 건강치 못한 모습으로 나타난다. 때문에 우리 집안에서는 교제와 관계를 소중히 여기고 여기에 초점을 맞춤으로써 개개인이 다른 사람의 기대에 따른 부담감 없이 유산을 지니고 지켜 갈 엄청난 자유를 누릴 수 있게 됐다. 풍성한 관계 가운데 살아가면 무언가를 하기 위해 외부의 압력이 필요치 않다. 통제도 필요치 않다. 우리 마음 자세가 유산을 잘 이어 가도록 우리를 뒷받침해 준다.

미주 | ENDNOTES

1. Mike Bickle, Eric Johnson에게 2011년 1월 2일 보낸 이메일.
2. Larry Randolph, Eric Johnson에게 2011년 3월 17일 보낸 이메일.

MOMENTUM
MOMENTUM
MOMENTUM
MOMENTUM
MOMENTUM
MOMENTUM

CHAPTER 10

능력의 사람들을 세우라

우리는 앞서 간 이들의 어깨 위에 선다.

미상

이 시대는 유산을 누군가 사망하고 나면 받는 것으로 이해한다. 옛적 유대에서는 유산을 어떻게 대했는지 살펴보자. 아버지가 후계자가 나이가 차고 준비가 됐다고 느끼면 자신이 살아 있는 동안 가문의 부를 함께 경영할 권위를 부여한다. 두 세대가 함께 부를 관리함으로써 후계자는 한 세대에서 다음 세대로 이어지는 모멘텀으로 들어감과 동시에, 아버지로부터 부를 관리하는 법을 배운다.

벧엘에서는 "우리는 앞서 간 이들의 어깨 위에 선다"는 표현을 자주 쓴다. 이번 장에서는 다음 세대가 앞선 세대의 어깨 위에 서기 위해 필요한 몇 가지를 살펴보고자 한다. 향후 세대가 자신에게 주어진 것을 취하고 더욱 증대할 수 있다면, 그것이 바로 우리가 부흥을 제대로 구했다는 표징이 될 것이다. 우리는 능력의 사람들로 '자라는' 법을 보여 줌으로써 이 과정에 집중해야 한다.

목표는 앞선 세대의 시체더미 위에 선 세대를 세우는 것이 아니다. 앞서 간 이들의 **어깨** 위에 서야 한다. 과거의 부흥과 운동 가운데 그 부흥과 운동을 다음 세대까지 이어 가기 위해 아들딸들을 세워야 한다는 점을 강조한 경우는 드물다. 이런 추세를 우리 때 바꿔야 한다.

이번 장에서 나는 '능력의 사람들'이라는 표현을 사용하려 한다. 자신의 정체성을 받아들여 그 삶을 살아갈 능력을 온전히 부여받고 자신을 구속하는 제약에서 자유하되, 동시에 주위 사람들과 환경을 섬기는 사람들을 뜻한다.

힘을 실어 주는 구조

> "또 비유하여 이르시되 새 옷에서 한 조각을 찢어 낡은 옷에 붙이는 자가 없나니 만일 그렇게 하면 새 옷을 찢을 뿐이요 또 새 옷에서 찢은 조각이 낡은 것에 어울리지 아니하리라 새 포도주를 낡은 가죽 부대에 넣는 자가 없나니 만일 그렇게 하면 새 포도주가 부대를 터뜨려 포도주가 쏟아지고 부대도 못쓰게 되리라 새 포도주는 새 부대에 넣어야 할 것이니라 묵은 포도주를 마시고 새 것을 원하는 자가 없나니 이는 묵은 것이 좋다 함이니라"(눅 5:36~39).

포도주와 부대의 비유다. 예수님은 이 단순한 비유에서 많은 것을 가르치신다. 만약 우리가 새 포도주라면 새 부대가 필요하다고 설명하신다. 그러고는 새 포도주를 낡은 부대에 넣으면 새 포도주가 부대를 터뜨린다고 말씀하신다. 그러면 부대도 못 쓰게 되고, 포도주도 쏟아지고 만다. 하지만 새 포도주와 새 부대가 만나면 신비한 일이 벌어진다. 포도주와 부대가 서로 만나면서 포도주가 적절히 저장 및 보호되고, 가죽 주머니는 포도주 저장고로 변한다.

또 예수님은 새 포도주가 새 부대의 필요성을 결정한다고 말씀하신다. 새 포도주를 잘 관리하려면 우리는 그 포도주를 담을 능력이 있는 부대, 즉 구조를 만들어야 한다. 새 포도주는 낡은 부대, 즉 낡은 구조에서는 제대로 관리할 수 없다. 서로를 망가뜨릴 가능성이 높다.

새 포도주가 만들어지면 당장 마시기도 하고 후일을 위해 저장해 둘 수도 있다. 새 부대를 만들 때 우리는 미래를 위한 장기 목표 달성과 동시에 현재를 위한 단기 목표를 달성하고 있음을 기억해야 한다. 또한 우리가 지금 만드는 것이 후일 활기와 생명력을 가져다준다는 점을 주지해야 한다.

부대를 새 포도주를 담는 '구조'로 이해할 수도 있다. 예수님이 아버지께로 돌아가신 후 이 땅에 하나님 나라가 확장된 주된 이유 중 하나는 예수님이 제자들과 함께 구조를 개발하셨고, 이후 제자들이 포도주를 잘 관리하고 그들의 때에 포도주가 늘어나도록 했기 때문이다.

관계의 문화

우리는 지금 믿음의 장군들과 리더들 간의 깊은 관계와 헌신을 목도하고 경험하고 있다. 이들은 관계를 맺고 굳건히 세우는 일을 정말 귀히 여긴다. 서로를 섬기는 데 결단하고, 오직 섬김을 위해 모인다. 부흥사를 보면, 관계를 소중히 여기지 않으면 하나님 나라가 아닌 내 나라를 세우게 된다. 랜달 월리(Randall Worley)가 이런 말을 했다: "모든 계시는 관계의 토양에서 자란다. 그렇지 않은 계시는 모조품에 불과하며, 전체에 영향을 주지 못한다."

하나님 나라는 가정이라는 개념을 바탕으로 세워졌다. 예수님은 하나님을 아버지라고 부르셨고, 자신이 아들임을 아셨다. 예수님이 성공적으로 사역을 하셨던 이유는 아버지와의 바른 관계를 바탕으로 아들로서 사역을 하셨기 때문이다. 그랬기에 하나님 나라가 이 땅에 임하고 확장됐다. 하지만 예수님의 삶에 대해 읽으면서 우리는 이 점을 종종 간과한다. 예수님이 아버지와의 관계 가운데 행하셨고, 제자들과 함께하시며 이를 삶으로 보여 주셨다는 점을 반드시 이해해야 한다.

관계를 핵심 가치로 삼아 살아갈 때 우리 삶을 향한 부르심과 의무를 어떻게 받아들여야 할지, 또한 우리와 관계를 맺은 이들과 그 부르심과 의무를 어떻게 성취해 갈지를 배울 수 있다. 우리 삶을 향한 부르심을 위해서라는 명목 하에 관계를 파괴해서는 안 된다. 이 문제를 제대로 대면하고 해결하지 않으면 쓰레기를 모아 버리는 대신 옷장 안에 숨겨 두는 격이다. 진정 덮음을 입고 보냄 받기를 원한다면 우리의 열정과 부르심, 계시를 관계 안에서 실현하고 성취하는 법을 배워야 한다. 관계 파괴를 중단할 때 교회는 영원토록 계속될 유산과 생명을 새로이 이해하게 해 주는 하나님 나라의 보고(寶庫)에 들어가게 된다.

현재 나는 벧엘 능력 사역 학교(BSSM)에서 2년차 프로그램을 총괄하고 있다. 또 선교 부서인 벧엘 인터내셔널 감독이기도 하다. 이 두 개의 부서를 담당하면서 부흥이 온 세계에 퍼져 나가기를 바라는 열정과 주림으로 가득한 사람들을 만나게 된다. 부흥의 주역이 될 이들을 준비시키고 이들을 세계 각지에 파송할 때 공통적으로 나타나는 현상이 있다. 사람들이 벧엘에서 인정하고 파송한다는 증명을 원한다는 것이다.

관계의 문화가 어떤 식으로 작용하는지를 볼 수 있는 좋은 기회다. 인정하고 파송해 달라는 요청을 하는 가장 큰 이유는 누구도 홀로 가고 싶어 하지 않기 때문이다. 누군가에게 파송을 받고 싶어 한다. 우리는 관계 속에서 인정받고 존재 가치를 입증 받는다. 다른 사람과, 일단의 사람들과의 관계 가운데 살 때 우리를 든든히 받쳐 주는 존재가 있는지, 스타벅스로 파송되는지 아프리카 대륙으로 파송되는지 의구심을 품지 않을 만큼의 친밀함과 교감이 생긴다. 제자들이 예수님께 "우리를 파송하실 수 있나요? 우리의 뒤를 봐주실 수 있나요?"라고 물은 적은 한 번도 없다. 마가복음 16장 15절을 보면 예수님은 제자들에게 "너희는 온 천하에 다니며 … 복음을 전파하라"고 말씀하셨다. 교회에서는 온 땅을 다니며 복음을 전파하라며 동기를 부여하기 위해 이 구절을 자주 사용한다.

제자들은 예수님과 3년의 시간을 함께 보냈다. 그들의 삶에 깊이 각인된 특별한 3년이었다. 궁극의 팀 빌딩(team building)이었다. 3년의 시간 동안 이들은 온 세상이 담기에 모자랄 만큼 귀중하고 놀라운 경험을 했다.

예수님과 함께한 그 시간 동안 제자들은 유례없는 일에 참여했고, 유례없는 가르침을 받았다. 3년이 끝나 갈 무렵 제자들은 서로의 놀라운 점과 이상한 점을 알게 됐다. 베드로는 언제나 가장 먼저 말을 시작했고, 요한은 자신이 예수님이 가장 아끼는 제자라고 생각했다. 우레의 아들에 대해서도 속속들이 알게 됐다. 서로를 아주 잘 알게 됐다. 때문에 예수님이 이들에게 "가라"고 명하셨을 때, 그 명령은 제자들을 인정하고 덮어 주는 관계에서 비롯된 명령이었다. 예수님은 안면만 있는 지인을 보내지 않으셨다. 복음을 전하라며 예수님의 사람들을 보내셨고, 관계를 통해 파송된 제자들이 오늘날까지도 전 세계에 영향을 끼치고 있다.

유산을 받아 다음 세대에 전할 때 주님이 주신 계시를 어떻게 이어 가며, 관계를 어떻게 지켜 나가야 하는지를 배워야 한다. 하나님은 우리가 주위 사람들과의 관계뿐 아니라 하나님과의 관계를 소중히 여기는 능력을 귀히 보신다. 의무보다 관계에 더 큰 가치를 부여할 때 다른 사람을 얕보고 함부로 대할 위험이 사라진다. 우리가 복음을 전하는 방식도 달라진다. 사람들을 복음 전도의 목표물로 대하는 대신 마땅한 태도로 대하게 된다.

자유 vs. 통제

관계의 문화를 만드는 데 있어 자유와 능력 부여를 귀히 여기는 환경에 대한 사람들의 반응에 영향을 끼치는 두 가지 사고방식을 이해해야 한다.

먼저 자유의 사고방식을 살펴보자. 자유의 사고방식은 이런 식으로 나타난다. 빨간불로 바뀌기 전까지는 녹색불이다. 우리는 관계의 틀 안에서 결정을 내릴 자유와 능력을 누리며 행한다. 주님이 구체적으로 지시하시지 않는 한 결정을 내릴 자유가 우리에게 있다.

우리 부부도 이 사실을 잘 이해하고 살아간다. 삶에서 우리가 내린 크고 작은 결정을 돌아보면 주님이 무엇을 해야 하는지 확실하게 말씀하신다는 강한 감동에 따라 내린 결정들도 있다. 하지만 그

렿지 않은 경우에는 주님이 구체적으로 말씀하지 않으셨기 때문에 모든 선택지를 살펴보고 옳다고 생각하는 쪽으로 결정을 내렸다. "네가 어떤 결정을 내리든 존중한다"고 하나님이 말씀하신다고 생각할 수도 있겠다.

자유의 사고방식을 가지고 다른 능력의 사람들과 함께하면 더 큰 능력과 자유를 느끼게 된다. 복음서에 기록된 제자들의 모습을 생각해 보라. 제자들은 왜 하나님 나라에서 누가 가장 큰지를 놓고 말다툼을 했을까? 예수님 주위에 있으면서 능력과 자유를 느꼈기 때문이다. 능력과 힘이 솟아서, 심지어 어머니들마저도 하늘나라에 가시면 내 아들을 옆자리에 앉혀 달라고 예수님께 청할 정도였다. 예수님 주위에서 예수님과 함께 있었을 뿐인데 온 세상을 취할 수 있을 것 같은 자유의 분위기가 생겨났다. 야고보와 요한은 천둥을 불러 예수님을 거절한 성읍을 내리치려 할 정도였다. 결국 예수님 가까이 있을 때 우리는 무엇이라도 할 수 있는 대단한 존재가 된 듯한 느낌을 받게 된다.

그런데 이런 느낌에 우리는 익숙지 않다. 직장에서 상사가 주위에 있으면 스스로가 멍청하게 느껴지고, 두렵고 불안하고 우유부단해진다는 얘기를 많이 듣는다. 안타깝게도 이런 얘기는 소수의 예외적 이야기가 아니다. 권위를 가진 사람이 가까이 있으면 대개는 자유롭게 느끼지도 못하고, 힘이 솟는다는 느낌도 받지 못한다. 하지만 하나님 나라는 다르다. 하나님 나라에 거할 때 힘이 솟고 자유함이 느껴진다.

다음은 통제의 사고방식이다. 신호등의 예를 다시 사용하자면 통제의 사고방식은 이런 식으로 나타난다. 녹색불로 바뀌기 전까지는 빨간불이다. 통제의 사고방식을 가진 사람들은 이렇게 생각한다: '무언가를 하기 위해서는 통제를 받아야 해.' 대개 이런 식으로 사고하는 사람들은 무엇을 하기 위해 주위 사람들을 통제하고, 같은 논리로 자신도 통제를 받아야 한다. 기운이 빠지는 삶의 방식이다. 안타깝게도 많은 사람들이 이런 식으로 사고하며 살아간다.

통제의 사고방식을 가진 사람들이 결정을 내릴 자유가 없다고 느끼는 이유는 실패에 대한 두려움 때문이다. 그래서 자신이 내린 결정을 검증해 줄 사람이나 무엇을 해야 할지 얘기해 줄 사람이 필요하다. 이런 사람이 능력을 부여 받아 힘이 넘치는 사람 곁에 오게 되면 흥미로운 역학관계가 생겨난다. 능력의 사람은 통제의 사고방식을 가진 사람이 그리스도 안에서 자유를 발견하고 꿈과 열정을 키우도록 돕는 데 더 관심이 있지만, 그동안 통제의 사고방식을 가진 사람들은 검증을 받거나 명령을 받으려고 기다리다 짜증이 난다.

성경에서 일관되게 등장하는 주제는 바로 하나님이 능력과 권한을 부여하시는 분이시며, 본질상 자유의 하나님이시라는 것이다. 이 주제는 에덴동산에서 시작해서 신약까지 이어진다. 창세기에서 하나님은 아담과 하와를 위해 동산을 지으셨다. 그 동산에는 금단의 열매를 맺는 나무 한 그루가 있었다. 동산을 아예 죄가 들어오지 못하는 곳으로 만드는 대신, 하나님은 아담과 하와를 신뢰하시고 결정을 내릴 권한을 부여하는 모험을 하셨다. 우리를 자유 가운데 살게 하는 것이 하나님의 본성이니, 아버지로서, 어머니로서, 리더로서 우리는 자유 가운데 살며, 주위 사람들이 자유와 능력 부여를 일으키는 사고방식을 갖고 살아가도록 독려해야 한다.

책임감과 주인의식

사람들에게 권한과 능력을 부여하는 문화, 즉 구조를 개발하고 사람들이 강력한 존재로 살아가도록 도우면, 다음 단계로는 사람들에게 책임감과 주인의식이라는 핵심 가치를 불어넣어 줘야 한다.

부모님은 내게 책임감 있게 행동하면 특권을 누리게 된다는 사실을 종종 일깨워 주셨다. 16세가 되어 운전면허를 땄을 때 부모님은 나를 불러 내가 책임감 있게 행동하는 것을 보였으니 부모님 차를 모는 특권을 주신다고 말씀하셨다. 그때 나는 부모님 차를 몰기 위해서는 내 삶에서 높은 수준의 책임감을 유지해 가야겠다는 생각을 했다. 부모님의 말씀이 책임감 있는 행동을 하기에 좋은 동기부여가 됐다.

누구나 특권을 누리고 싶어 한다. 하지만 모두가 책임감을 좋아하지는 않는다. 우리는 서로에게 책임감을 불어넣어 줘야 한다. 인간은 본성상 '자유로운' 환경에서 그 자유를 극단까지 몰아가 보려 한다.

사도 바울은 이 문제를 여러 차례 언급했다. 갈라디아서는 바울이 율법과 규칙과 규제에서 자유를 얻고, 그리스도 안에서 자유를 경험하고 있는 갈라디아 교회에 쓴 편지다. 그런데 새로이 자유를 발견하고 나서 몇몇 사람들은 그 자유를 극단까지 끌고 갔다.

장기간 감옥에 갇혀 있다가 석방된 사람은 자유를 최대한 만끽하고 싶어 한다. 이래라저래라 제약할 감옥이 없어졌다. 이제는 **사랑**이 그들이 할 일을 알려 준다. 때문에 바울은 갈라디아서 5장 13절에서 그리스도 안에서 새로이 발견한 자유를 육신의 정욕에 탐닉해도 된다는 허가증으로 삼지 말고 서로를 위한 기회로 삼으라고 가르친다. 사랑이 자유를 결정하도록 해야 한다.

사랑은 십계명을 대체했다. 십계명은 우리가 무엇을 해야 하고 해서는 안 되는지 매우 구체적으로 명시한다. 이 좋은 규칙들이 예수님이 이 땅에 오시기 전까지 실질적으로 적용됐다. 하지만 예수님이 오셔서 우리를 대신해 우리 죄의 대가를 치르셨다. 그리고 사랑으로 율법을 대체하셨다. 진정으로 사랑할 때는 간음하지 않고, 살인하지 않으며, 십계명에서 하지 말라고 명하는 그 어떤 것도 하지 않는다.

때문에 타인의 삶에서 책임감을 증대시키기 위해 우리가 먼저 사랑의 마음으로 행해야 한다. 책임감에서 사랑이 분리될 때마다 나는 금세 기진맥진하고 기력을 소진한다. 사람들이 책임감을 갖고 책임을 지도록 하기 위해서는 사랑의 마음으로 행하도록 가르쳐야 한다. 우리는 자문해 봐야 한다: "지금 내 행동에 사랑이 담겨 있는가?" 이 질문에 대한 답이 내가 어떻게 행하며 어떻게 살고 있는지를 보여 준다.

사랑은 우리가 기쁨이 가득한 성공적인 삶을 사는 데 필요한 모든 수단과 도구를 아우른다. 그래서 사랑은 새 언약의 최고 계명이다. 사랑이 옛 언약의 모든 요구조건을 지워 버렸다. 사랑이 언제 "예"라고 대답하고, 언제 "아니오"라고 대답해야 할지 우리에게 일러 준다. 사랑이 우리 안에 안정감을 자아내어 우리로 요동치 않게 한다.

주인의식과 책임감이 충만한 환경에서 나타나는 특성은 '신뢰'다. 신뢰는 능력의 사람들로 이뤄진 세대를 일으키는 데 필수다. 신뢰는 '사람들은 선하다'는 핵심 가치에서 비롯된다. 사람들을 선한 존재로 바라보면 주인의식과 책임감을 키워 주는 방식으로 주위 사람들을 이끌고 교제하게 된다.

신뢰는 우리에게서 시작된다. 우리가 신뢰의 문화를 만들지 못하면 무엇을 해야 할지 일일이 일러 줘야 하는 사람들이 모이는 문화가 만들어지고, 결국 우리는 주위 사람들을 일일이 챙겨야 하는 상황에 봉착한다. 사회 어느 영역에서든 이런 현상이 나타난다. 대부분의 사람들은 왜 내가 주변을 사사건건 챙겨야 하는지 의아해한다. 대개는 이들이 사람을 신뢰하지 못하고, 사람들이 좋은 결정을 내릴 수 있다고 믿지 못하는 데서 기인한다.

사람을 신뢰하기 시작하면 사람들에게 주위에 기여할 수 있는 능력이 있음도 믿게 된다. 그러면 주위 사람들에게 자유와 능력을 부여하게 된다. 그 결과 주위 사람들은 자신이 하는 일에 온전한 책임을 지며 주인의식을 갖게 된다.

감추어진 자

예수님의 삶에서 내가 정말 좋아하는 점은 예수님이 스스로를 알리려 하실 필요가 전혀 없었다는 것이다. 참 흥미롭다. 이름을 알리려는 욕망과 바람이 내재된 현대 문화 속에서 우리는 자기 자랑을 하고 자신을 알릴 방법을 끊임없이 모색한다. 하지만 예수님은 한 번도 자신을 알리려 하지 않으셨다. 오히려 사람들에게서 멀어져 혼자 있고자 하셨다. 사람들에게 "네게 일어난 일을 아무에게도 알리지 말라"(마 9:27~31 참고)고 말씀하시곤 했다.

마태복음 6장에서 예수님은 우리가 은밀한 중에 하는 일에 대해

공개적으로 상을 주시겠다고 몇 번이나 말씀하신다. 기도할 때면 거리 귀퉁이에 서서 근처에 있는 사람들이 모두 들을 수 있도록 큰 소리로 기도하는 당시의 종교 관행에 빗대어 하신 말씀이었다. 당시 사람들은 금식을 할 때도 누구나 알 수 있도록 티를 냈다. 예수님은 이 말씀을 통해 마음의 문제를 이야기하셨다. 우리의 정체성은 우리가 비밀을 지킬 수 있는지를 보여 준다. 자기 자랑의 원인은 대개 하나님에 대한 신뢰 부족이다.

'사람에 대한 두려움'은 무엇일까? 앞서 밝혔듯이, 사람을 두려워하는 사람들은 대개 이런 식으로 생각한다: '나는 사람들이 두려워. 주위 사람들이 나를 어떻게 생각하는지, 어떻게 말하는지 두려워.' 그런데 동시에 이런 생각도 있다: '사람들이 나에 대해 어떻게 말하고 생각하는지가 무엇보다 중요해.' 주위의 의견과 애정을 하나님의 생각과 말씀보다 더 중히 여기는 사고방식이다.

예수님은 아버지와의 관계에서 모든 정서적 힘과 용기, 안정감을 얻으셨다. 이 땅에 계실 때 예수님은 주위 사람들에게서 안정감이나 정서적 힘을 얻기 위해 자신을 알리실 필요가 전혀 없었다. 하나님이 자신을 어떻게 보시는지를 아는 지식을 바탕으로 정체성을 확인하셨고, 거기서 오는 온전하고 충만한 안정감을 누리며 사셨다. 예수님은 하나님 나라에서 오는 자신감을 가지고 행하시며 이 세상을 바꾸셨다.

주님이 이 부분을 내게 밝히 보여 주셨던 시기가 있었다. 내 삶에서 이 문제를 직면해야 했던 시기였다. 1999년, 우리 부부는 우리 부모님이 18년간 목사로 섬기신 교회이자 내가 성장기를 보낸 교회에 부목사로 부임하면서 위버빌로 돌아왔다. 나는 중고등부를 담당했다. 다른 교회처럼 우리도 매주 수요일에 모여 예배를 드렸다.

그런데 얼마 지나지 않아 매주 설교를 해야 한다는 부담감이 크게 다가왔다. 내 안에 말씀을 선포하는 능력과 욕구가 매우 미미하다는 사실 또한 금세 깨달았다. 사람들 앞에 서서 말을 하기가 두렵지는 않았다. 할 말이 없다는 것이 문제였다. 처음 몇 달은 별 문제 없이 흘러갔다. 나는 설교를 했고, 중고등부는 영적으로나 수적으로 성장을 이어 갔다. 하지만 몇 달이 지나자 말할 거리가 떨어졌다. 탱크가 바닥났다. 이 사실을 깨닫고는 바로 상황을 조정했다. 중고등부 예배가 있는 날에는 찬양 시간을 훨씬 더 길게 잡았다. 찬양하고 또 찬양했다. 설교를 회피하기 위한 방법이었다. 그러다 마침내 찬양이 끝나면 설교를 하지 않고 바로 사역 시간으로 넘어갔다. 솔직히 그런 식으로 진행했을 때도 많은 사람들이 은혜를 받았다. 하지만 내가 무슨 생각으로 그렇게 했는지 아는 사람은 별로 없었다.

그러다 문득 변화가 필요하다는 감동이 왔다. 주님을 구하기 시작했다: "하나님, 도와주세요! 설교의 열정이 필요합니다. 어떻게 해야 할지 저는 모릅니다." 마음을 담아 기도했다. 6개월여 주님을 잠잠히 구한 끝에 돌파구가 찾아왔다. 현재 워싱턴 주 시애틀의 시티 교회 주다 스미스 목사님이 초청 강사로 우리 교회를 찾았다. 스미스 목사님은 내가 정말 좋아하는 설교자다. 탁월한 설교자이며, 설교의 기름부음을 지닌 사람이다.

주일 아침 예배였다. 설교를 마친 후 스미스 목사님이 사역을 시작했다. 그런데 갑자기 "에릭 목사님은 어디 있죠?"라고 했다. 나는 기도를 받기 위해 앞으로 나갔다. 그러자 스미스 목사님이 예언의 말씀을 선포했다: "주님이 목사님이 공부하고 설교하는 방식을 바꾸실 겁니다." 그 말씀을 듣고 얼마나 기뻤는지 모른다. 이후 24시간 동안 공부하고 설교하고 싶은 마음이 전혀 없던 내가 공부하고 설교하고 싶은 열정으로 활활 타오르는 사람으로 180도 바뀌었다.

공부와 설교에 대한 새로운 열정이 생기면서 변화가 일어났다. 사실 나는 내 설교를 끊임없이 인정받으려 했다. 직접적으로 메시지에 대한 피드백을 청하지는 않았다. 대신 예배가 끝나고 청년이나 리더들과 이야기를 하면서 슬쩍 확인하려 했다. "설교가 제대로 전달이 됐는지 모르겠네요." "제가 생각했던 대로 풀리지 않았어요." 이런 식으로 말하면서 내가 얼마나 잘했는지 주위 사람들에게 확인 받고, 사랑과 인정을 받으려 했다. 하나님이 아니라 주위 사람들에게서 내 가치를 찾으려 했고, 그 때문에 애정과 인정에 대한 주림이 생겼다. 사람들의 인정과 애정이 내 생명줄이 됐다. 이내 내가 사람들의 인정과 애정을 갈구한다는 사실을 깨달았다. 문제였다.

콜린 파월이 이런 말을 했다: "당신의 자아가 당신의 지위와 너무 밀접해지지 않도록 주의하라. 지위가 내려가면 자아도 함께 추락할 수 있으니 말이다."[2]

우리는 '자아'라는 말보다 '정체성'이라는 말을 많이 사용한다. 직업이 정체성의 근간이 되면 하는 일이 잘 풀리지 않을 때 정체성도 붕괴된다. 주위 사람에게서 애정과 인정을 받으려 하면 반드시 무너지고 만다. 우리가 하는 일은 정체성의 근원이 될 수 없다. 우리가 어떤 사람인가가 정체성의 근간이 되어야 한다. 존재에서 비롯된 정체성이 자연스레 우리가 무슨 일을 할지를 결정하게 된다.

하나님이 내가 사람을 두려워한다는 사실을 보여 주셨을 때 나는 그 두려움에서 벗어나기 위한 여정을 시작했다. 하나님과 더욱 친밀한 관계를 누리는 지성소로 들어가는 법을 배웠다. 그리고 그곳에서 정서적인 힘과 내게 필요한 애정을 얻었다. 하룻밤 사이에 문제가 해결되지는 않았다. 내가 만들어 낸 거짓과 습관에서 벗어나는 과정에는 시간이 필요했다.

감추어진 자가 되는 것은 강하고 자유한 자가 되는 것만큼 중요하다. 주님은 우리에게 더 많이 맡기고 싶어 하신다. 하지만 그러기 위해서는 먼저 지성소로 들어갈 수 있어야 한다. 유산을 이어 가는 모든 세대의 주된 책임은 감추어진 자가 되고자 하는 마음을 키워 가는 것이다.

미주 | ENDNOTES

1. Randall Worley, Eric Johnson에게 2010년 12월 14일 보낸 이메일.
2. Colin Powell, http://www.nytimes.com/1995/09/17/opinion/liberties-colin-powell-rules.html.

MOMENTUM
MOMENTUM
MOMENTUM
MOMENTUM
MOMENTUM

CHAPTER 11

엔드 게임

·

빌 존슨

하나님의 약속은 언제든 내킬 때 돈으로 바꿀 수 있는 요술 동전이 아니다. 우리의 유산에 관한 약속이든 우리 간구에 대한 응답이든, 하나님이 그 약속을 주신 이유는 하나님이 선하시며 우리를 사랑하시기 때문이다. 하나님은 주고 또 주시는 분이다. 우리가 하나님의 약속을 끌어안을 때 응답을 받기 위한 준비 과정이 시작된다. 어떤 약속은 신속히 성취된다. 그런 경우는 대개 하나님께 "예"라고 대답하고 하나님의 말씀대로 이루어지리라는 확신만 표현하면 된다. 그러면 정말 신속하게 성취된다.

하지만 훨씬 더 큰 약속들도 있다. 받는 사람이 훨씬 더 많은 일을 해야 한다는 의미다. 우리가 하나님께 더 큰 그릇을 드려야 한다. 미숙함 때문에 하나님의 응답을 잃지 않도록 잘 다듬어지고 계발된 **성품의 그릇**이 필요하다. 오직 연단된 성품을 지닌 자만이 복을 잘 관리할 수 있기 때문이다. 은사는 거저이지만 성숙은 값비싸다.

래리 랜돌프가 오래전 이런 말을 했다: "하나님이 그분의 모든 약속을 성취하시지만, 그렇다고 우리의 잠재력까지 실현시켜 주실 의무는 없다." 삶에서 필요한 것들 중 상당 부분이 우리에게 주어진다. 하지만 우리가 원하는 것들은 대개 노력해서 취해야 한다. 꽤 많은 부분이 하나님의 언약을 통해 우리가 손만 뻗으면 되는 지점까지 왔다. 하지만 자동적으로 우리 손에 떨어지지는 않는다. 신앙생활의 중요한 요소는 주림과 꿈과 확신과 구함이다.

하나님의 모든 약속은 사람에게 복을 주고 하나님께 영광을 돌리는 것이지만, 어떤 약속들은 사람들이 제대로 준비되지 않은 상태에서 받았을 때 오히려 해가 되기도 한다. 물질적인 부를 잘못 사용해 인생을 망친 사람들을 떠올려 보라. 영적인 부를 오용하고 남용함으로써 벌어질 잠재적 해악은 천 배가 넘는다. 하지만 영적 부를 선한 청지기로 잘 관리하면 그로 인한 유익 또한 수천, 수만 배가 된다.

우리의 DNA에 약속이 새겨져 있다. 더 받고자 하는 것은 지극히 당연하다. 생명의 증거다. 엄청난 실망을 거듭 경험하거나 잘못된 가르침을 받았을 때 그리스도와 동행함으로써 선한 일이 일어난다는 지속적 기대를 잃게 된다. 발전 과정을 제대로 이해하지 못한 결과 많은 이들이 하나님을 신뢰하지 못하게 되거나 하나님의 모든 약속 가운데 들어갈 수 있음을 믿지 못하게 된다.

하지만 더 많이 구하는 마음은 신앙생활의 큰 부분을 차지한다. 하나님이 지으시고 터를 닦으신 성읍, 옛적 약속의 땅이다. 선지자들이 선포하고, 예수님이 실현하고, 사도들이 맛보고 위하여 자신의 삶을 내려놓은 궁극의 대상이다. 부침과 성패, 풍요와 결핍이 가득한 예수님과의 영광스런 여정이다.

우리는 바로 이 삶을 위해 지음 받았다. 우리의 초점은 하나님의 선하심에 있다. 하나님의 선하심을 중심점 삼아 하나님의 모든 약속을 취하기 위해 필요한 대가는 무엇이든 치르며 풍성하고 충만한 삶을 살 특권이 우리에게 있다. 이 기쁨의 여정이야말로 하나님을 섬기는 삶의 최대 영예다.

하나님 나라를 향해

하나님 나라를 확장하기 위한 접근 방식 중 영적 유산과 관련이 있는 접근 방식이 두 가지 있다. 독특하고 구체적인 이 두 가지 접근 방식은 주님과 동행하는 삶의 두 가지 시기를 뜻한다. 첫 번째는 "침노하는 자는 빼앗느니라"는 말씀대로 행할 때 찾아오며, 두 번째는 "하나님의 나라를 어린 아이와 같이"(마 11:12, 막 10:15) 받을 때 찾아온다. 이 두 구절의 말씀은 판이하게 다르다. 하나는 믿음의 침노이며, 하나는 안식의 능력이다. 이 두 가지 과정은 동시다발적으로 일어나지 않는다. 두 개의 상이한 목적을 위한 두 개의 상이한

시기이다. 이 두 가지 모두 이번 장에서 다루는 것보다 훨씬 더 상세히 다루고 관심을 기울여야 하지만, 여기서는 이 두 개의 과정이 우리의 발전과 진보에 있어 두 가지 다른 목적을 충족시킨다는 점을 지적하고자 한다.

믿음의 침노 행위는 하나님이 우리가 우리의 권위에 대해 배우기를 원하시기 때문에 일어난다. 이 시기에는 다른 어떤 활동도 일어나지 않는다. 권위는 하나님의 말씀을 믿는 믿음을 통해 행사되며, 예수님이 우리를 위하여 갈보리에서 행하신 일을 드러낸다. 우리가 권위를 사용하지 않으면 무엇이든 성취하기가 극히 어렵다. 앞서 언급한 주림과 추구가 이 지점에서 필요하다.

하지만 어린아이와 같이 받아야 할 때는 계절의 변화 같은 뚜렷한 변화가 일어난다. 더 많이 구하는 주림이 여전히 존재하지만, 돌파구가 찾아오는 방식이 판이하게 다르다. 이 경우 하나님은 우리가 우리 정체성을 알게 되기를 원하신다. 그런데 정체성은 안식의 자세를 취할 때 가장 잘 알 수 있다. 하나님 나라 확장을 위해 싸울 수는 있지만, 정체성은 쟁취의 대상이 아니다. 정체성과 싸움은 용어에서부터 상충된다. 우리는 '안식'을 통해 정체성에 도달해야 한다. 추구를 통해서만 성취되는 것도 있지만, '머묾'을 통해서만 성취되는 것도 있다.

잘하였도다 착하고 충성된 세대여

이전 세대의 풍성한 유산을 잘 받은 세대를 상상해 보라. 앞 세대의 통찰력과 경험, 권위의 자리를 하나님의 영광을 위해 모두 신실하게 이어받은 세대다. 유산을 제대로 사용하고, 평생 받은 유산을 밑거름 삼고 더더욱 확장하여 다음 세대가 더욱 증대시킬 수 있도록 넘겨준다. 교회사에서 이 과정이 끊이지 않고 이어진다고 상상해 보라.

앞선 믿음의 세대들이 만든 지속적 모멘텀을 우리가 이어 받았다면 오늘날의 교회는 어떤 모습일까? 2천 년 교회사만으로도 상상 불가 수준일 것이다. 여기에 창세기 1장에서부터 지금까지 하나님이 인류와 함께 빚으신 역사를 더해 보라. 그러면 하나님이 무엇을 바라시는지가 나온다. 아니, 하나님은 그보다 더 큰 것을 보기 원하신다. 시계를 되돌려 수천 년간 지속된 방치와 태만의 시간을 처음부터 다시 시작할 수는 없지만, 하나님이 우리에게 주신 날을 취할 수는 있다. 우리가 어디까지 다다를 수 있는지 신실하게 찾아내고, 그것을 잘 관리하도록 다음 세대를 훈련할 수 있다. 우리가 살아서 보지 못할 세대를 위한 삶은 그리스도와의 동행에 핵심이다.

과거의 영적 거인들을 기림으로써 그들이 받은 기름부음에 다가갈 수도 있다. 대단한 명성을 떨치기 위해서가 아니다. 왕이신 우리 하나님이 우리에게 주신 사명을 완수하기 위해서다. 내일의 돌파구를 찾기 위해 우리에게는 과거의 돌파구가 필요하다.

마지막 축복

우리 아버지는 2004년 1월에 소천하셨다. 너무 일찍 돌아가셨기에 가족들은 슬픔을 금하지 못했다. 아버지는 우리 집안, 족속, 운동의 아버지셨다. 어려운 때를 맞닥뜨릴 때마다 힘을 더하고 위로를 아끼지 않는 분이셨다. 아버지가 병원까지 찾아와 주셨던 때를 이야기하는 사람들이 아직도 있다. 그들은 아버지를 통해 확실한 위로를 받았다. 아버지는 내게 가장 큰 용기를 불어넣어 주신 분이자 내가 잘해 나갈 수 있도록 크나큰 희생을 치르신 분이다.

아버지가 세우신 예배의 삶의 기준은 우리 삶에 지금도 영향을 끼치고 있다. 내 삶의 절대적 우선순위이자 우리 교회의 우선순위다. 이 역시도 아버지께 감사한다. 6개월간의 췌장암 투병생활 막바지에 아버지는 가족 한 사람 한 사람에게 손을 얹고 기도하시며 구체적으로 하나님의 복을 선포하셨다. 달콤 쌉싸름한 순간이었다. 한 점의 거짓도 없는 순간이었고, 아버지가 우리에게 주실 유산이 분명히 존재했기에 달콤한 순간이었다. 동시에 가슴 아픈 순간이었다. 성경의 위대한 족장들이 자녀를 축복했던 대로 아버지는 우리를 축복하셨다.

아버지가 본향으로 돌아가실 때까지 며칠 동안 20명이 넘는 가족들이 모였다. 아버지가 숨을 거두는 순간 온 가족이 아버지 병상 주위에 둘러섰다. 나는 가족들에게 아버지의 사명을 이어 받아 아버지가 미처 가지 못한 곳에 가자고 가족들을 독려했다. 아버지가 시작하신 일을 마무리하기 위해서는 온 집안, 온 부족이 움직여야 한다. 우리는 함께 기도하고 울며 그러겠노라고 화답했다.

마지막으로 내가 우리 아버지, M. 얼 존슨(M. Earl Johnson) 목사님께서 돌아가시기 몇 년 전 아버지의 날에 썼던 편지를 옮기고자 한다. 유산은 곧 능력이다.

아버지,

아버지가 계셨기에 좋은 남편이자 아버지가 될 수 있었습니다. 더 많은 것을 갖추고 '경주'를 할 수 있었습니다. 제가한 게 아닙니다. 아버지께서 해 주신 겁니다. 감사합니다.

아버지와 어머니가 계셨기에 정말 원하는 것은 무엇이든 이룰 수 있다는 태도를 갖게 됐습니다. 제가 긍정적으로 살겠다고 결심해서 얻은 결과가 아닙니다. 처음부터 그런 태도가 있었습니다. 아버지가 제게 주셨기 때문입니다. 감사합니다.

아버지가 계셨기에 언제나 용기를 얻습니다. 아버지가 반대에 부닥쳐도 은혜로이 헤쳐 가시는 모습을 봤습니다. 아버지는 먼저 내면의 승리를 얻고 외적 승리도 얻으셨습니다. 아버지는 언제나 저를 격려해 주시고 한 번도 비판하지 않으셨습니다. 많은 이들과 견주어 저는 참 용기 있는 사람입니다. 하지만 그 역시도 제가 한 게 아닙니다. 아버지가 해주신 겁니다. 감사합니다. 감사하고 또 감사합니다!

사랑합니다.

빌 올림